cantabria 4 estaciones

MIGUEL ARTIGAS FERRANDO

Entre Góngora y Menéndez Pelayo

Colección cantabria 4 estaciones, 70

Director de colección
Manuel Estrada Sánchez

c
4
e

cantabria 4 estaciones

MIGUEL ARTIGAS FERRANDO

Entre Góngora y Menéndez Pelayo

estudio preliminar:
JERÓNIMO DE LA HOZ REGULES

Ediciones
Universidad
Cantabria

Artigas, Miguel, autor
  Entre Góngora y Menéndez Pelayo / Miguel Artigas Ferrando ;
estudio preliminar, Jerónimo de la Hoz Regules. – Santander : Editorial de la Universidad de Cantabria, [D.L. 2024]
  177 páginas ; 19 cm. – (Cantabria 4 estaciones ; 70)

  En este libro se reúnen tres trabajos de Miguel Artigas publica-
dos entre 1927 y 1943.
  D.L. SA 283-2024. – ISBN 978-84-19024-81-7

1. Artigas, Miguel. 2. Góngora y Argote, Luis de-Crítica e interpretación. 3. Menéndez Pelayo, Marcelino-Crítica e interpretación. I. Hoz Regules, Jerónimo de la, escritor de introducción

821.134.2 Góngora y Argote, Luis de 1.07
821.134.2 Menéndez Pelayo, Marcelino 1.07

THEMA: DNP, DNL

Diseño de la cubierta: Maite Arce
Imagen de cubierta: Flavio San Román
© Estudio preliminar: Jerónimo de la Hoz Regules
© Miguel Artigas Ferrando
© Editorial de la Universidad de Cantabria
  Avda. Los Castros, 52
  39005 Santander
  www.editorial.unican.es
  ISNI: 0000 0005 0686 0180

ISBN: 978-84-19024-81-7 (RÚSTICA)
DL SA 283-2024

ISBN: 978-84-19024-82-4 (PDF)
DOI: https://doi.org/10.22429/Euc2024.016

Imprime: Gráficas Apel
Impreso en España. *Printed in Spain*

ÍNDICE

ESTUDIO PRELIMINAR

Jerónimo de la Hoz Regules

Miguel Jerónimo Artigas Ferrando (Blesa, 1887 - Madrid, 1947) fue el primer director de la santanderina Biblioteca de Menéndez Pelayo (BMP) entre 1915 y 1930. Luego dirigió la Biblioteca Nacional hasta su fallecimiento. Desde ambas entidades ejerció con eficacia una labor de enorme responsabilidad como era dar a conocer la inmensa obra que Menéndez Pelayo había dejado a su temprana muerte, conservando y difundiendo su legado. Para ello, uno de sus logros fue la edición de las obras completas del sabio.

Su compromiso en la conservación de los miles de libros del maestro, no le impide ser un hombre de su tiempo, un intelectual que debe de ser adscrito a la generación del 14, con la que comparte modernidad, proyección europea e inquietudes científicas y educativas, relacionándose tanto con intelectuales de raíz tradicional o católica, como con aquellos procedentes del institucionismo, aunando lo mejor de ambas ramas. Por ello, otro de sus logros fue crear en torno a la BMP una escuela de hispanismo, germen de la futura Universidad Internacional.

Esta exitosa labor de promoción del hispanismo, poniendo a disposición de alumnos e investigadores la BMP, coadyuvó a su posterior elección como director de la Biblioteca Nacional, a la que en pocos años consiguió modernizar, dotándola de nuevos medios y facilitando el acceso a sus fondos.

En su biografía es preciso distinguir varias etapas. En primer lugar su formación en la universidad de Salamanca, donde se licencia, siendo discípulo de Unamuno y doctorándose en la Universidad Central. De inmediato su estancia en Alemania, becado por la Junta de Ampliación de Estudios, que será determinante; son años en que está ligado al prestigioso Centro de Estudios Históricos que dirigido por Ramón M. Pidal recuperaba la memoria histórico-literaria española, institución donde estudia textos hispano-latinos. A la vez, –y aún muy joven– ha accedido por oposición al prestigioso cuerpo Facultativo de Archiveros-Bibliotecarios, con varios y breves destinos, antes de llegar a ocupar su plaza en Santander. Su trayectoria vital está pues enmarcada en los hitos culturales de la España de la Restauración, de la Edad de Plata, de una generación intelectualmente activa que, por primera vez enviaba a muchos jóvenes a formarse al extranjero.

El contexto cultural y social del Santander que recibió al joven Artigas, era de notoria moderación y culturalmente el panorama era de marcada transición, tras la desaparición, no sólo de Menéndez Pelayo (†1912), sino de los influyentes Pereda (†1906) y Amós de Escalante (†1902) y de buena parte de los más activos continuadores de la llamada *Escuela literaria montañesa* (tema con que disertó Ortega Munilla en el Ateneo, en 1921) que había prestigiado las letras cántabras en la España de fines del XIX. Herencia tradicionalista de Pereda y conservadora de Menéndez Pelayo, que había calado, persistiendo la influencia de un Galdós que escribió aquí muchas de sus obras y el conocido respeto mutuo que mantuvieron estos escritores contribuía a crear un ambiente de convivencia intelectual. Era el foco de Santander, llamado así por Marañón. Entrado el siglo, para mantener este tono cultural, se emprenden iniciativas oportunas como las que llevaron a crear el llamado Ateneo Montañés en 1914. Y ya al año siguiente, Artigas, recién formado en Alemania, entra en la escena santanderina proporcionando un nuevo aire cultural.

La segunda etapa, clave para su vida, es la dirección de la BMP en Santander, en cuya ciudad ejerció como dinamizador cultural en base tanto a la Sociedad Menéndez Pelayo (SMP), que crea en 1918, como al Ateneo, en el cual tuvo un protagonismo vertebrador, ejerciendo la vicepresidencia y siendo jefe de una sección de Literatura que posibilitó que prestigiosos hispanistas conferenciaran allí. Es por ello protagonista del resurgir cultural que se produjo en la capital cántabra en los años veinte, e indudablemente la ciudad le debe mucho como promotor de una escuela de hispanismo, siendo artífice del lanzamiento de Santander como ciudad universitaria, por medio de los Cursos de Verano, inicialmente para extranjeros, y pronto con la creación de un Colegio Mayor universitario, germen de la futura Universidad Internacional, luego UIMP.

Pero no sólo Santander le debe de estar agradecida. Su labor siempre tuvo una resonancia nacional, pues su vida es rica en facetas y proyecciones y destacan sus dos vertientes, la de gestor bibliotecario y la de filólogo, pero siempre ligando su labor a la memoria de Menéndez Pelayo.

Como filólogo y ávido lector de tantos libros y documentos de la *Biblioteca*, realiza y promueve trabajos y ediciones sobre nuestros clásicos siguiendo la estela marcada por Menéndez Pelayo. Una obra investigadora que lógicamente estuvo en función del trabajo bibliotecario que le permitía ir descubriendo y sacando a la luz epistolarios y obras olvidadas de clásicos y de ilustrados. Destacan sus investigaciones sobre Luis de Góngora, que por entonces era adoptado como patrón inspirador por los jóvenes poetas. Para ello supo rodearse de apoyos y así Artigas, con José María de Cossío y Gerardo Diego conformarán el trío santanderino promotor del gongorismo: la correspondencia entre ellos delata una gran sintonía y una relación con la generación del 27 (Salinas, Dámaso Alonso, Guillén...) en la cual el papel de Cossío como mecenas y editor de los poetas es bien conocido. Su *Don Luis de Góngora y Argote. Biografía y estudio crítico* (1925) fue premiado por la RAE y en 1927 obtendrá el Premio Nacional de Literatura.

Paralelamente, misión obligada, fue su relevante papel en dar a conocer desde Santander la obra de Menéndez Pelayo, cuya influencia –algo apagada tras su fallecimiento– crecía de nuevo con fuerza entre las élites intelectuales de los años veinte (Sainz Rodríguez, Maeztu, Eugenio d'Ors, Herrera Oria, Marañón...) cuya relación con Artigas se pone de manifiesto en su nutrida correspondencia. Son momentos en que crece el interés por vindicar al polígrafo como historiador del pensamiento español. Hablar de Artigas es por tanto hablar de la reivindicación de la obra y las ideas del maestro. Fruto de sus afanes serán múltiples conferencias y publicaciones, destacando sus libros, *Menéndez y Pelayo* (1927) y *La vida y la obra de Menéndez Pelayo* (1939). Además fue un eficaz recopilador del epistolario del sabio, compuesto por miles de cartas, hoy imprescindible para entender la figura del sabio e incluso el contexto cultural del cambio de siglo.

Un personaje de la talla de don Marcelino, no sólo precisaba de discípulos que prosiguiesen su labor investigadora, sino también difusores de sus obras. A su muerte destacaban entre sus discípulos, Ramón Menéndez Pidal, referente de la investigación desarrollada en el Centro de Estudios Históricos; Adolfo Bonilla, referente principal para la historia de la filosofía española; Rufino Blanco, que fue un gran renovador pedagógico; y también estaba la crítica y ensayista Blanca de los Ríos; o un mecenas, el marqués de Cerralbo. A ellos pronto se suman otros más jóvenes, como Pedro Sainz Rodríguez, Marcial Solana, Amezúa, o Entrambasaguas, entre otros. Pero, por distintas circunstancias, a Miguel Artigas le tocará ser su primer divulgador, el discípulo póstumo encargado de la *Edición Nacional* de su enorme obra, hoy fácilmente accesible gracias a la Biblioteca Virtual Miguel de Cervantes, Menéndez Pelayo Digital, de la Fundación Ignacio de Larramendi y a la Fundación Universitaria Española.

Una tercera etapa de su vida, desde 1930, corresponde con la dirección de la Biblioteca Nacional, institución que modernizará y cuya gestión –aunque le absorberá– no le impedirá proseguir la difusión de la obra de don Marcelino y continuar en contacto con Santander, cuya *Biblioteca* había sido cebo atrayente para los hispanistas, que ya habían empezado a frecuentar Santander en vida de Menéndez Pelayo, lo que fue decisivo para la proyección de Miguel Artigas.

El bibliotecario no tarda en ser elegido Académico de la Lengua y formará parte del primer patronato de la Universidad Internacional, inaugurada en 1933 englobando los

Cursos de Verano de la Sociedad Menéndez Pelayo creados por Artigas. Y tras la guerra será el principal artífice de hacer resurgir esos Cursos de Verano y darlos continuidad hasta la creación de la UIMP que tanto ansiaba.

A la vez, desde 1940 compatibiliza la dirección de la Biblioteca Nacional con la Dirección General de Archivos y Bibliotecas. Su gran trayectoria y peso intelectual en los años previos a la guerra, continúa pues en la posguerra, aunque mermada por una súbita enfermedad que le impide proseguir con el mismo ímpetu la gran labor desarrollada, que le hubiera encumbrado aún más como gestor y como erudito, aunque sus muchos años al frente de la Biblioteca Nacional le hacen figurar con derecho propio entre las personas más influyentes del mundo cultural de la época. Su temprano fallecimiento en 1947 motivó un cierto olvido de su gran labor.

EL CONTEXTO CULTURAL DE LOS AÑOS VEINTE

Hemos apuntado que su llegada a Santander se produjo en un momento clave: la capital montañesa estaba en ascenso imparable como ciudad moderna, amparada en su carácter de corte veraniega y culturalmente seguía marcada por la huella de Pereda y de Menéndez Pelayo, cuya codiciada Biblioteca

era lugar de peregrinación para muchos eruditos e hispanistas, germen que Artigas supo
hacer crecer enormemente y que posibilitó la
difusión nacional y exterior de la obra de don
Marcelino.

Para ello crea, la Sociedad Menéndez Pelayo (SMP), plataforma que no va a ser local,
sino de proyección internacional para las letras hispanas, y que sirvió para relacionarse
con buen número de universidades europeas
y americanas. Desde 1918 su sede será el re-
novado edificio de la Biblioteca de Menéndez
Pelayo.

> Santander irrumpe en la segunda década del
> siglo XX con la fuerza que le da el ser ciudad
> veraniega y cosmopolita concurrida por inte-
> lectuales y políticos que la escogen como lugar
> de descanso. Algunos de los más emblemáticos
> edificios son de esta época (el palacio de Co-
> rreos, el edificio del Banco Vitalicio, o el Ban-
> co de España), pero también hay que decir
> que en los aspectos industriales y de comercio,
> era cada vez más desplazada por Bilbao, su
> eterna competidora. En ausencia de universi-
> dad, el nuevo edificio del Instituto era el foro
> de la cultura, como también el Ateneo, pero
> muy pronto el edificio neoclásico de la *Biblio-
> teca de Menéndez Pelayo*, será el auténtico templo
> de la cultura visitado por todo el que ponía pie
> en la capital cántabra.

No hay que olvidar que la generación de
Artigas, la del 14, es la de Ortega, Menéndez

Pidal, Marañón, María de Maeztu, Ors, García Morente, Rey Pastor, Teófilo Hernando, Herrera Oria..., generación de intelectuales, europeísta, que es fruto de un arranque que se inicia treinta años atrás en el último cuarto del XIX, etapa de tranquilidad política y estabilidad propia de la Restauración de Cánovas, en la que es representativa la figura de Menéndez Pelayo en las letras, o de Cajal y Torres Quevedo en las ciencias. Esta generación intelectual fue fortalecida desde principios del siglo XX gracias a una mayor implicación de la sociedad con la ciencia y la cultura tras los gobiernos de un Maura empeñado en la regeneración de las instituciones y con la creación de organismos como la Junta de Ampliación de Estudios, de la que fue vocal Menéndez Pelayo, un hombre siempre preocupado por las reformas educativas.

A la muerte del maestro le tocará a Miguel Artigas ser su primer gran divulgador, a pesar de ser un discípulo que no le trató en vida. El fallecimiento del polígrafo en su edad más fecunda, fue un auténtico desgarro para España y para Santander; pero a la vez la donación a la ciudad de sus miles de libros, posiblemente la mejor biblioteca privada del momento, fue esencial para elevar Santander entre los destinos culturales de España y fomentar el hispanismo. En esos momentos en que no existían los medios de comunicación de masas (ni siquiera la radio había despegado), las bibliotecas lo eran todo, era el internet de hoy en día, y era un reto encontrar al hombre que supiera gestionar el gran legado de información reunido por Menéndez Pelayo y hacerlo visible y atractivo a los investigadores españoles y extranjeros. Artigas demostró ser ese hombre eficaz.

Pero Artigas –insistimos– no se circunscribe a Santander. Su vocación clara era extender redes intelectuales por España y el extranjero. Para ello la edición, desde 1919, de un *Boletín de la Biblioteca de Menéndez Pelayo (BBMP)*, que pronto alcanza gran acogida nacional y entre las universidades extranjeras, será esencial para esta deseada proyección de la *Biblioteca* de la calle Rubio que, mediados los años veinte, será sede de unos atrayentes primeros Cursos de Extranjeros de lengua y cultura española.

A la vez no olvida implicarse en los escenarios de cultura santanderinos del momento, siendo un miembro destacado del Ateneo Montañés en el que se darán a conocer los más jóvenes escritores, políticos, o artistas, algunos de posterior relevancia nacional, Pancho Cossío, Victorio Macho, Ricardo Bernardo, Luys Santa Marina, Gerardo Diego, Eugenio Vegas Latapie, Víctor de la Serna, Maximiano García Venero, Romero Raizabal, Manuel Llano, Matilde de la Torre, J. Mª de Cossío, Daniel Alegre, etc. Desde su sección de Literatura del Ateneo, fue receptivo a las vanguardias y simultáneamente gestor, en perfecta coexistencia, de los más *ortodoxos* cursos e investigaciones realizados al amparo de la BMP. Artigas participaba «*de la alegría que reina en las reuniones de artistas jóvenes*», y aunque adoraba a los clásicos, «*no hacía de ese amor un pretexto para despreciar a los hijos del siglo*» en palabras del columnista *Polibio* que definen muy bien al bibliotecario[1].

Hemos mencionado también cómo, mediados los años veinte, la imprescindible aportación de tres grandes amigos, José María de Cossío, Gerardo Diego y Miguel Artigas, contribuye a hacer de Santander un foco de interés para algunos poetas de una generación que emergía con fuerza, la generación de la Dictadura, luego llamada del 27, aunque en el caso de Artigas fuera desde el punto de vista del filólogo investigador y no el de un creador literario.

SU FORMACIÓN

De familia humilde, tras cursar estudios en su Teruel natal, es becado en la universidad de Salamanca, donde en junio de 1909 se licencia en Filosofía y Letras, formándose como filólogo. Fue alumno de Unamuno, su profesor de griego. Era el verano de la Semana Trágica, en cuyos desmanes –precisamente Unamuno– reconocía detestables focos de fanatismo anarquista... Durante su estancia en Salamanca hace amistad, entre otros, con dos personajes que años después colaborarán con él en la Edición Nacional de las obras completas de Menéndez Pelayo: Enrique Sánchez Reyes, que le sustituirá en la dirección de la BMP y Ángel González Palencia, eminente arabista y gran amigo al que acogerá años después en la RAE contestando a su discurso de ingreso.

Se doctora en la Universidad Central, el 25 de octubre de 1910, con una tesis sobre el humanista Lorenzo Palmireno (inédita y que quizá sería interesante rescatar), que fue motivo de conferencia en la Residencia de Estudiantes (*Revista de la Residencia de Estudiantes*, 1916).

Oposita, accediendo al Cuerpo de Archiveros y Bibliotecarios (28-VII-1911). Completa su formación en el recién creado Centro de Estudios Históricos, donde se adscribió a la subsección de *Ediciones de textos hispanolatinos* a cargo de García Villada, colaborando en preparar un «Corpus scriptorum latinarum medii aevi hispani». Es pensionado, como la élite de su generación, por la Junta de Ampliación de Estudios (JAE) en Alemania donde continúa estudios de filología latina y organización de Bibliotecas, con estancia hasta fines de 1912 en Berlín y la Universidad de Múnich, donde se especializa en filología clásica con los profesores Wilamowitz y Meister; y en Gottingen, donde solían cursar estudios los bibliotecarios. Fue admitido como miembro extraordinario en el Institut Agür Altertinuslamde y en el

Seminario del Dr. Meister estudió el *Epidicus* de Plauto, trabajando con el profesor Sommer acerca de la gramática histórico-latina. En palabras de Artigas, «*era la época en que todo joven estudioso español sentía la necesidad de respirar el aire de Europa*». Allí conocerá la noticia del fallecimiento de Menéndez Pelayo en mayo de 1912, con el que sólo coincidió ocasionalmente en la Biblioteca Nacional. A su regreso, a fines de 1912, ocupa plaza de oficial de tercer grado del Cuerpo facultativo de Archiveros en Barcelona. La Memoria de JAE (Curso 1912-13), recoge que colaboró impartiendo clases de latín en el CEH.

A su regreso publica en la *Revista de Filología Española,* «Fragmento de un glosario latino-que» (T. I, 3°, julio-septiembre 1914, pp. 245-274) producto de sus estudios con Zacarías García Villada. Ya director de la BMP, continuó en contacto con García Villada para sacar adelante su *Liber differentiarum* y la *Crónica de Sampiro.* Entre 1916 y 1919, sigue colaborando con la sección *Orígenes de la lengua española,* del afamado Centro de Estudios Históricos que dirigía Ramón Menéndez Pidal.

En 1913 había retornado a España con urgencia desde Alemania, por el inicio de la Gran Guerra, acompañado de su amigo Pedro Bosch Gimpera, con el que traduciría del alemán *Hispania* del gran arqueólogo Adolf Schulten (Schulten conferenciará en el Ateneo sobre Tartessos y escribirá años después sobre las Guerras Cántabras). Su amistad con Bosch[2], con quien compartió pensión germánica en la calle Alt Moabit, fue duradera, siendo precisamente Artigas quién le presentó a la que sería su futura esposa.

Es pues una fructífera etapa de aprendizaje práctico en las mejores Bibliotecas (1911-1914) y recalca como «*de lo que escribamos, muy poco lo hemos leído, casi todo lo hemos visto y observado en el trabajo diario en las Bibliotecas de Berlín, Gottingen, Múnich y Strasburgo*»[3].

A su regreso se incorpora a la Biblioteca Nacional, donde estará sólo unos meses, pues decide concursar a la dirección de la BMP de Santander, plaza que convocaba en febrero de 1915 el Ministerio de Instrucción Pública y Bellas Artes, de acuerdo con el testamento de don Marcelino. En reñido concurso-oposición obtiene la plaza y llega a Santander para tomar posesión en mayo de 1915[4].

EN LA BIBLIOTECA DE MENÉNDEZ PELAYO

La enorme tarea de ordenar papeles y la amplísima correspondencia del polígrafo ocupa los primeros meses santanderinos de Artigas, ayudado por don Enrique, Gonzalo Cedrún de la Pedraja, Carmelo de Echegaray y otros colaboradores. Por fin, en enero de 1916, presenta en el Ateneo su proyecto para la BMP, «La Biblioteca Menéndez Pelayo: conferencia leída por su bibliotecario...», cuyo contenido, que publica el propio Ateneo, sigue siendo de enorme interés ya que descubre sus intenciones, no sólo de conservar físicamente un legado de cuarenta mil volúmenes, sino de relanzar la Biblioteca como escuela de hispanismo para Santander:

> Cuando los buenos amigos de la sección de Literatura me invitaron a que ocupase una tarde la Tribuna del Ateneo para hablaros de la «Biblioteca Menéndez y Pelayo», vino a mi memoria aquella frase de Homero en *La Odisea*: «la excitó a lo que estaba deseando», porque sería una gran falta de sinceridad por mi parte, el empezar con un exordio amañado con frases de falsa modestia y de necios escrúpulos. Imitando ciertas famosas traducciones, puedo decir que hace siete meses que vivo en, con y para la Biblioteca y nada más natural que sienta deseos de comunicar las gratísimas impresiones que allí experimenté...[5].

Lo primero que urgía era la remodelación del edificio, que proyectó Rucabado con estética clásica, finalizándose las obras en los primeros meses de 1918, aunque continuadas de inmediato con la construcción en el mismo solar de la Biblioteca y Museo municipal, cuya primera piedra era colocada por el rey el 30 de agosto de 1918. Ese mismo otoño nace la Sociedad Menéndez Pelayo (SMP) con secretaría de Miguel Artigas, presidida por Carmelo de Echegaray, contando con el apoyo de hispanistas, bibliotecarios, catedráticos y escritores de toda España entre ellos, los más cercanos a Menéndez Pelayo, como Adolfo Bonilla, Antonio Rubió i Lluch, Ramón M. Pidal, José Ramón Lomba o el propio Echegaray.

La BMP venía acogiendo a muchos hispanistas –que ahora podrán ser muchos más–, y muchos de ellos eran conocedores de la obra del polígrafo santanderino e incluso habían tenido relación directa o epistolar con Menéndez Pelayo (Farinelli, Benedetto Croce,..). Artigas cita a algunos de los que «por aquí pasaron, aquí estudiaron en vida de D. Marcelino: Haan, autor de Pícaros y Ganapanes, Ernest Martinenche, Ernest Mérimée, Henri Leonardon, Foulché-Delbosch, Mario Schiff, Curchman...».

Se reciben también visitas trasatlánticas como la del destacado profesor Miguel Gerónimo Romera-Navarro, de la universidad de Pensilvania, que llega en agosto de 1918 disertando en el Ateneo sobre «Los literatos norteamericanos y España». Y poco después, en otro acto solemne celebrado para inaugurar parcialmente la BMP tras la constitución de la SMP, el 20 de agosto de 1919, acude invitado a conferenciar otro destacado hispanista norteamericano, que años atrás ya había visitado a Menéndez Pelayo, Rudolph Schevill[6], de la universidad de Berkeley (California) que «*trae entre sus proyectos el de intercambio de profesores y alumnos»* y en quién encuentra afinidad pues *«está dentro de la corriente Menéndez Pelayista...»*[7]. Una apertura intelectual entre España y Norteamérica que se consolidaba tras los años de la tragedia de Cuba.

Ese mismo año de 1919, se inicia con otro gran paso para crear en Santander un centro de hispanismo, ya que va a salir de imprenta el primer número del *Boletín de la Biblioteca de Menéndez Pelayo,* cuya preparación había anunciado Artigas ya en 1916, como unos *Anales de la Biblioteca* y que sería pronto una revista filológica de primer orden a nivel nacional.

Tenemos por lo tanto una Sociedad Menéndez Pelayo recién constituida, con su prestigiosa revista y unos magníficos edificios, que iban a servir como sede de una escuela de hispanismo en Santander. El rey preside los actos solemnes de inauguración el 23 de agosto de 1923, contando con la presencia de representantes de las Reales Academias y discurso del expresidente Antonio Maura. No podemos dejar de citar la temprana y siempre presente ligazón hispanoamericana de la BMP (esos días Andrés Eloy Blanco, era premiado en Santander por su «Canto a la Madre España») y aún hoy los bustos de importantes hombres de letras americanos siguen jalonando la entrada posterior de la Biblioteca de Menéndez Pelayo.

El prestigio de Artigas crecía. Publica en la *Revista de Filología Española,* como también en

la *Revista Crítica Hispano-Americana*, de Adolfo
Bonilla y San Martín, que le apoya en estos
primeros momentos, así como en la *Revista de
Archivos, Bibliotecas y Museos*, las tres más importantes de la época en el campo de la filología. Su responsabilidad sobre la BMP y el
legado del maestro también era cada vez mayor, tras el fallecimiento, en 1921, de Enrique
Menéndez Pelayo (que había sido el gran
guardián de la Biblioteca de su hermano) y
tras fallecer poco después los dos albaceas de
Menéndez Pelayo, el historiador Carmelo de
Echegaray y el catedrático de Filosofía Adolfo
Bonilla, que venía ocupándose de la edición
de las obras del maestro. Todo ello obliga a
Artigas a implicarse más en su labor. Es ya activo conferenciante (en Oviedo, sobre los manuscritos de Jovellanos; en la Residencia de
Estudiantes de Madrid...) y es elegido corres-
pondiente por la Real Academia de Historia
en 1923 y miembro de la Academia de Bones
Lletres de Barcelona y en 1924 es premiado
por la RAE por sus estudios sobre la obra de
Góngora.

Había frecuentado las universidades europeas, y sigue acudiendo a congresos como
entusiasta impulsor del hispanismo, especialmente en Alemania, colaborando con el Instituto Iberoamericano en Hamburgo y el Colegio Alemán de Madrid. Será nombrado doctor
honoris causa por las universidades de Colonia
y Múnich y miembro de la Casa Eucken de

Jena y de la *Hispanic Society of America,* que había fundado Archer Milton Huntington.

Por temperamento e ideas es un *conservador-reformista* temperado, siendo fácil visualizar en sus escritos una profunda convicción en impulsar reformas, pero sin rupturas: afianzar una cultura hispana con clara personalidad nacional, compatible con las características regionales y enraizada en los mejores suelos de su longeva historia política y religiosa, en línea cercana, con el lógico desfase temporal, a la idea de Menéndez Pelayo.

En su etapa santanderina supo mantener el contacto con antiguos compañeros del Centro de Estudios Históricos, como Zacarías García Villada, Tomás Navarro Tomás, Amado Alonso (que por entonces pasa a Argentina), o Federico de Onís (profesor en la Universidad de Columbia y miembro de la Hispanic Society of América). Sus primeros trabajos sobre textos latinos los había iniciado en el Centro de Estudios Históricos (CEH) en el contexto de los estudios sobre el origen de nuestra lengua que encabezaba don Ramón M. Pidal, enamorado del romancero y los cantares de gesta. En este contexto se homenajea desde Santander (por su segundo centenario) a un montañés que merece ser más conocido: el ilustrado Tomás Antonio Sánchez que, como Menéndez Pelayo, presidió la Real Academia de la Historia y fue pionero en la recuperación de los cantares de gesta, sacando a la luz y editando el olvidado manuscrito del *Poema del Cid*, con discurso de Artigas y otros, en el claustro de Santillana del Mar el 30 de diciembre de 1925[8], asistiendo representantes de la RAE, la R. A. de la Historia, la Universidad de Salamanca, la Biblioteca Nacional y también desde el CEH Pidal envía unas cuartillas. La relación de don Ramón con Artigas era de confianza y cooperación, como demuestra que contara con él, y con Cossío, para su proyecto, no finalizado, de una Historia de la Literatura española o para informaciones sobre el romancero.

El CEH había sido en cierto modo su primera casa de acogida. Su amigo el padre García Villada, compañero en el CEH, en un artículo titulado «El orden en los institutos y universidades del Estado»[9], apoyaba la labor investigadora del CEH y la gestión de la JAE (consta la petición de libros a la JAE, realizada desde el Ateneo santanderino en 1921, cuando Artigas ocupaba la vicepresidencia). En carta a Cossío se entusiasmaba con la labor medievalista del CEH indicando que «*El Cid en la Historia, de Don Ramón, estupendo*»[10]. También Artigas, realizará una edición crítica sobre un manuscrito recién adquirido por la BMP, «*Miseria de omne*», siguiendo las normas «*con tanta maestría aplicadas por don Ramón Menéndez Pidal en sus ediciones*».

En la *Residencia de Estudiantes*, en la que conferenció el joven Artigas, se desarrollaban cursos especiales desde 1924 (misma fecha en que Artigas inicia sus cursos santanderinos), por iniciativa de su director Jiménez Fraud, con el objetivo de atraer grandes personalidades españolas y extranjeras. Artigas aprovechó esta circunstancia y dada su buena sintonía con los responsables del CEH y la JAE, envió a algunos miembros de la SMP a Madrid para formarse sobre la gestión de los cursos de verano y sobre temas bibliotecarios (Tomás Maza e Ignacio Aguilera). Investigadores ligados al CEH habían sido los primeros en cooperar con Artigas como Zacarías García Villada, invitado a disertar en el Ateneo (10-XI-1924), contando progresivamente con otros miembros del CEH para los Cursos de Verano (Amado Alonso, Gili Gaya, Dámaso Alonso, T. Navarro Tomás, Pedro Salinas...) y más adelante, cuando los Cursos de Verano de la SMP se integran en la nueva Universidad Internacional (en cuyo primer patronato estuvo presente Artigas representando a la SMP), estos mismos profesores serán responsables de los Cursos de Extranjeros. Hay pues una continuidad clara entre los cursos de la SMP y los de la posterior UI y por supuesto con los Cursos de la posguerra que coordinados por Artigas dan lugar a la UIMP.

Desde un punto de vista investigador le tocó aunar el ideal clasicista y estético de Menéndez Pelayo con la metodología analítica de la escuela del CEH. Esto podía reflejarse en detalles, como incidir en la universalidad de raíz cristiano-latina frente a un mayor estudio de las particularidades nacionales de origen medieval, en boga en la Europa fuertemente nacionalista de entreguerras. La filología medievalista buscaba las raíces de los pueblos quizá más en la pluralidad germánica que en Roma, con una primacía romántica frente a una indudable herencia clasicista. Pero analizar con base positivista las comarcas españolas, algo propio del CEH con don Ramón M. Pidal a la cabeza, no excluía, sino que complementaba la erudición culta propia de Menéndez Pelayo, que también amaba las raíces regionales. En otras palabras, se podría hablar de aunar la tradición culta, con las fuentes orales y etnográficas, que fueron base para investigaciones en rescate del romancero (tarea en la que colaboraron con don Ramón Menéndez Pidal desde Cantabria, Artigas, Cossío, J. R. Lomba y Maza Solano, del mismo modo que el CEH extendía sus ramas investigadoras por muchas otras comarcas de España). Aurelio Macedonio Espinosa[11], hispanista norteamericano de raíces hispanas, enamorado del romancero, conferencia en el Ateneo el 24 de junio de 1920 sobre folclore mexicano acogido por Artigas. Espinosa relata esta acogida en Santander tras pasar por el CEH madrileño:

Bonilla y San Martín, me había recomendado que al llegar a Santander hablase con el señor Artigas de la Biblioteca Menéndez y Pelayo para ver cómo y cuándo comenzaba a recoger en la Montaña cuentos populares. El señor Artigas había ya preparado el terreno [...] con el señor Artigas y los amigos del Ateneo de Santander, comencé a recoger cuentos populares.

Otro punto a considerar sobre el trabajo desarrollado por Artigas se refiere a su enraizamiento en dos tradiciones que él trataba de conjuntar: con motivo de trabajar sobre Bartolomé José Gallardo, en conferencia en Bilbao, de diciembre de 1930, hablaba de que este escritor ilustrado tenía las dos mitades del ser en duelo; era afrancesado en política, pero fiel como nadie a las tradiciones literarias de su tierra y de su gente. Al exponer esto quería apuntar su convencimiento, siguiendo a Menéndez Pelayo, de la compatibilidad un pensamiento hispano enraizado en la tradición pero que sabe rescatar lo mejor de nuestros pensadores, incluso de los alejados de su idea de España.

El dinamismo de Artigas que demuestra su epistolario, nos permite caracterizarle, no como un aislado erudito, sino como eficaz gestor que trabaja en equipo y crea escuela. Y para crear escuela es preciso atraer a los más jóvenes, lo que consigue con los cursos de verano desde 1924. Por otro lado, existen pruebas suficientes que demuestran como Artigas abre la puerta a un amplio abanico de intelectuales, sin circunscribirse a tendencias ideológicas. Así, por su *Biblioteca* pasarán políticos, estudiantes, escritores, profesores, eruditos y

religiosos: Maura, el duque de Alba, Luis Ara-
quistáin, Emilio Alarcos, d'Ors, Maeztu, E. A.
Peers, Fernando de los Ríos, Ramón Menén-
dez Pidal, Aurelio Viñas, Sainz Rodríguez,
Lasso de la Vega, Zacarías G. Villada, Bosch
Gimpera, Miguel Herrero, Adolfo Bonilla,
Emilio Cotarelo, Julio Cejador, José Roge-
rio Sánchez, Félix García, Félix G. Olmedo,
Riva Agüero, Adolf Schulten, Miguel Cascón,
Redonet, Gerardo Diego Enrique Millán,
Sandalio Diego, Rudolph Schevill, Rudolf
Grossmann, Edgar A. Peers, etc.,

La relación de universidades extranjeras sus-
critas al *BBMP* es elocuente: Universidad de
Michigan, North Carolina, Pennsylvania, To-
ronto, Iowa, Berkeley, Philadelphia, Prince-
ton, Minnesota, Bloomington, California - Los
Ángeles, Missouri, Jerusalem, Yale University
Library New Haven, The American Asso-
ciation of Teachers of Spanish, The Library
College of Saint Teresa Winona, Harvard Co-
llege-Library, Cambridge, Dartmouth College,
Deutsch-Spanisches Forschungsinstitut Koln,
Biblioteca Nacional de la Habana, Biblioteca-
ca de la Universidad de Perugia, Bibliotek
Uppsala Universitets, Bibliothek Preussische
Staats, Universidad de Buenos Aires, Ibero
Amerikanisches Institut Hamburg, Liverpool.

La labor de gestión bibliotecaria le ocupa mucho tiempo y prepara un *Catálogo de
los manuscritos de la Biblioteca Menéndez Pelayo*
(Santander, 1930); trabaja sobre los papeles

de Milá; o en el *Epistolario de Valera y Menén-dez Pelayo, con introducción y notas de Miguel Arti-gas Ferrando y Pedro Sainz y Rodríguez* (Madrid, 1930), además de ir recopilando el epistolario del sabio. Pero ello no le impidió realizar eru-dición literaria, destacando, como veremos, sus estudios sobre Góngora.

Algunos de los títulos de su articulado de crítica literaria ilustran su amplio campo de co-nocimientos, en muchos casos dando a conocer documentación obrante en la BMP descubierta por él al catalogar los fondos:

«Lobo Lasso de la Vega» (1917); «Un nuevo poema por la Cuaderna Vía» [El Libro de la miseria de homne] (1919 y 1920); «Dos pro-mesas de la Avellaneda» (1919); «Don Pedro Mudarra y Avellaneda» (1924); «Eim unbe-kannte spanisches Gedicht aus den Mittelan-ter [Un poema español de la edad media]» (Hamburg 1920); «Unos Gozos de la Virgen, del siglo XIV» (1924); «Nueva redacción de las *Coplas de la Panadera*» (1927); «El soneto *Night and Death*, de Blanco White» (1924); «Un opúsculo inédito de Lope de Vega. El anti-Jáuregui del liz. don Luis de la Carrera» (1925); «Juan Verzosa, traductor de Plauto» (1925); «Comedia Nueva en chanza. El co-mendador de Ocaña» (1926), etc.

También edita obras que prologa, en que saca a la luz autores más olvidados, como en *Memorias familiares y literarias del poeta Luis de Ulloa y Pereira* (Madrid: Sociedad de Bibliófilos Españoles, 1925, Imp. de Ramona Velasco), explicando que sus versos, a pesar del mérito que tienen, eran ya poco menos que desconocidos, pues dada la gran producción literaria española estaban oscurecidos por los grandes genios de su tiempo; Edita e introduce con un extenso prólogo *El felicísimo viaje del muy alto y muy poderoso príncipe don Felipe* [Felipe II] de Juan Cristóbal Calvete de Estrella (Sociedad de Bibliófilos Españoles, Santander, Aldus, 1930), libro de difícil acceso, impreso en Amberes con motivo de la visita del príncipe Felipe, de enorme interés histórico al dibujar el alarde ante Europa por el gran séquito real sinónimo del poder imperial; Otro texto es el preparado para la madrileña Sociedad de Bibliófilos Españoles, el *Juan Rufo*, introducido por el secretario de la Sociedad de Bibliófilos, Agustín González de Amezúa, que era miembro desde un principio de la SMP.

En *Teatro inédito de don Francisco de Quevedo y Villegas* (Biblioteca Selecta de Clásicos Españoles, Tip. de *Revista de Archivos*, 1927), Artigas saca a la luz, en un largo prólogo, aspectos poco conocidos de la obra de Quevedo, con una amplia semblanza crítica de dos comedias, «Cómo ha de ser el Privado» y «Bien haya quien a los suyos se parece» y de once redondillas, manuscritos que se conservan en la Biblioteca de Menéndez Pelayo; Prepara también la edición de *Poesías de fray Luis de León con anotaciones inéditas de D. Marcelino Menéndez y*

Pelayo (Biblioteca Selecta de Clásicos Españoles, RAE, Madrid, Tip. de *Revista de Archivos*, 1928, 2 vols.), firmando Artigas la Advertencia preliminar (Tomo I, pp. 7-17 y Tomo II, pp. 5-6).

Finalmente colabora en un estudio iniciado por Sainz Rodríguez, recopilando *Una colección de cartas de Gallardo* (Madrid, 1932. Tip. Archivos) que muestra aspectos de este ilustrado exiliado, enemigo de Miñano, mediante las cartas escritas a su discípulo Tomás García Luna que se conservaban en la santanderina BMP (fueron publicadas por Artigas por entregas en el *Boletín* de la RAE, núms. XV-XIX, 1928-1932).

Con motivo de participar en un homenaje nacional a Menéndez Pelayo organizado por el Colegio de Doctores, conferenciará en la capital de España en un ciclo en que intervienen destacados hombres de letras. Entre ellos González Amezúa, que iba a ser elegido académico esos meses y le urge la impresión de su conferencia, opinando que aunque sería más barato hacerlo en Madrid, sabe que lo hará en Santander *«por estar Vd. ahí..., a pesar del mayor precio»*[12] (nuevo ejemplo del apego de Artigas a impulsar proyectos desde Santander). Y es que su implicación con la vida cultural santanderina siempre fue grande. No olvida a los autores montañeses cuyos libros recensiona o prologa, Manuel Llano, Vicente de Pereda, Luis Barreda, Enrique Menéndez Pelayo... Es autor de unas *Evocaciones literarias en la provincia de Santander* (Madrid, CIAP, 1928, p. 77-98).

Pero será especialmente su libro *Menéndez y Pelayo* (Santander, Ed. Voluntad, 1927), el que suscitará enorme interés (no solo entre especialistas), dada la inmediata resonancia de toda nueva noticia que se refiriese a la vida y obra del polígrafo y al recoger Artigas algunos novedosos apuntes biográficos. Hábilmente aprovecha esta edición para hacer promoción de sus *Cursos de Extranjeros,* dando a conocer con fotos y cifras la nueva BMP y sus actividades de verano.

Desde el fallecimiento de Adolfo Bonilla se viene encargando de preparar la edición de las obras del polígrafo, labor continuada en la Edición Nacional ya en la posguerra en unos años en que verán la luz *La España de Menéndez Pelayo: Antología de sus obras, selección y notas de Miguel Artigas* (Ed. Heraldo, Zaragoza, 1938; 2ª ed. Ed. Cultura Española, Valladolid 1938); y *La vida y la obra de Menéndez Pelayo* (Heraldo de Aragón, Zaragoza, 1939).

EN EL ATENEO

En el llamado Ateneo Montañés, Artigas ocupó la tribuna en 1916 para explicar sus planes para la BMP. Al igual que el Ateneo madrileño, era principal foro cultural y de debate de la capital montañesa y se potenció tras su incendio de 1917, reinaugurándose en el solar del antiguo Teatro Principal, un 14 de marzo de 1921, en una atmósfera conmocionada por el asesinato del presidente de Gobierno Eduardo Dato. Artigas fue nombrado bibliotecario (Junta de 17-XII-1918) y luego vicepresidente, dirigiendo la sección de Literatura, siendo anfitrión de literatos (incluso optó a la presidencia, perdiendo frente al veterano Ignacio Pombo). Activo ateneísta, allí cultivó un amplio círculo de amistades prolongación de las tertulias en torno a su Biblioteca.

Por sus salas pasaron, hasta la llegada de la República, reputados políticos e intelectuales del momento; Marañón tenía una alta consideración sobre Menéndez Pelayo y era conocedor de la labor de Artigas, a quién comentaba: «*estoy deseando ir unos días a su Biblioteca para terminar lo del P. Feijoo, veremos cuando puede ser*»[13]. Artigas consiguió un alto nivel en los actos que coordinaba en el Ateneo entre 1925 y 1928, conferenciando intelectuales españoles y extranjeros:

El dominicano Enrique Deschamps; los alemanes Rudolf Grossmann, Hellmuth Petriconi[14] o Werner Mulertt; los franceses J. C. Sonnabend y Charles Aubrun; Alfonso G. Betancourt, Santiago Cruz Toucher; los portugueses Fidelino de Figueiredo[15] (*Menéndez Pelayo y Portugal*) y Antonio Nobre; algunos de ellos profesores en los cursos de la SMP y colaboradores del *Boletín*.

Podemos citar a Rafael Sánchez Mazas, que publica en el *BBMP* su conferencia y volverá a la tribuna santanderina dos años después con «Cervantes en Italia», en enero de 1929; También Matilde de la Torre, invitada al Ateneo por Artigas en febrero de 1926 responde con entusiasmo: «*me placería ponerme en contacto con ese mundo intelectual que tan gallardamente representan Vds.*», pero, consciente de su aún escasa experiencia le indica, «*le ruego me advierta de las circunstancias* [...] *porque jamás he hablado en público*»; Américo Castro, que dirigía la *Revista de Filología Española*, conferencia en el Ateneo el 11 de marzo de 1926 sobre la novela picaresca.

Sin embargo Artigas se quejó de falta de autonomía para desarrollar su programa y acabará abandonando la presidencia de la Sección de Literatura para centrarse en su escuela hispanista en torno a la BMP[16].

LA PROMOCIÓN DEL HISPANISMO: LOS *CURSOS DE EXTRANJEROS*

Es en los primeros años veinte cuando Artigas inicia contactos con distintos grupos de hispanistas: inicialmente E. A. Peers de Liverpool, al que invita a conferenciar y publicar en el *BBMP;* publicando Artigas «Hispanists past and present: Marcelino Menéndez y Pelayo», en el *Bulletin of Spanish Studies,* para dar a conocer al sabio[17]. Por entonces contacta con profesores americanos y germanos para traer alumnado a sus cursos. Los distintos grupos se fortalecieron mutuamente y acordaron compartir algunas actividades y así la presencia de alumnado y profesorado extranjero contribuye a crear en Santander un ambiente de *College* británico y cosmopolitismo, poniendo una nota de modernidad.

Se producen visitas trasatlánticas de filólogos e hispanistas; Standford, Berkeley o Pensilvania son pioneras en estos contactos, juntamente con la universidad de Míchigan. Todo ello sirve de aliciente para la idea de programar los cursos que va madurando. De 1922 datan algunas conversaciones de Artigas con su amigo el historiador Aurelio Viñas Navarro, entonces pensionado en París, hablándole *«del viejo proyecto nuestro de celebrar en Santander cursos de verano para extranjeros y de «alzar el cosmopolitismo santanderino»* contando para ello con el apoyo de Pedro Sainz Rodríguez[18].

La programación formal se inicia cuando en Junta de Gobierno de la SMP, de 9 de marzo de 1924, se aprueba solicitar el concurso de la Universidad Central, por mediación de su catedrático y discípulo principal de Menéndez Pelayo, Adolfo Bonilla, para que profesores de la Facultad de Filosofía y Letras impartiesen conferencias de verano. Bonilla, por entonces en una estancia en Berkeley, confiaba en que *«los cursos de verano de Santander tengan gran éxito»*, al igual que manifestaba su colega el hispanista Dr. Rudolph Schevill en 1922: *«Veo con el más profundo placer que la escuela veraniega de Santander siga adelante».* Finalmente la docencia a un primer grupo inicialmente germánico fue impartida en gran parte por miembros de la SMP: Artigas, Gerardo Diego, Fernando Barreda, Elías Ortiz, José Fernández Regatillo, o Carmen de la Vega, tal y como recoge la memoria de la Junta de Gobierno de 8 de octubre de 1924[19]. Y es que la labor capitaneada por el eficiente bibliotecario, dada su magnitud, era preciso que fuese realizada en equipo, auxiliado siempre por los colaboradores de que se supo rodear. Su dinamismo, como demuestra su epistolario, nos permite pues caracterizarle no como un aislado erudito y para crear escuela supo atraerse a los jóvenes con los cursos de verano.

En adelante buscará apoyos institucionales y de profesorado en otra universidad, la de Valladolid. En 1925 Alfonso XIII visita el nuevo Colegio Cántabro de los agustinos, que iba a ser desde entonces una de las sedes de los Cursos. Se acuerda que el Centro de Estudios Históricos envíe un especialista en Fonética (Amado Alonso y más adelante Gili Gaya y Tomás Navarro[20]). Este arranque es aprovechado para reivindicar en prensa una facultad de Filosofía y Letras para Santander[21]. Del éxito y consolidación de esta formación estival da fe el hecho de que una foto del grupo de estudiantes ante el Ayuntamiento fuera portada de *ABC* (18-VIII-1926).

El folleto informativo «Cursos de Verano para Extranjeros de 1926», hace hincapié en una doble colaboración: con la *School of Spanish* de la Universidad de Liverpool[22] y con los germanos del *Ibero-Americanisches Institut* de Hamburgo. Se subraya la convivencia entre alumnado de distintas procedencias, no siempre fácil dado el reciente conflicto mundial y se menciona *facilidades únicas en España* proporcionadas en Santander por la *«incomparable Biblioteca de Menéndez y Pelayo (legado del famoso polígrafo), la Biblioteca Municipal, valiosa en libros modernos, y el Ateneo...»*[23]. Los alumnos de distintas nacionalidades comparten clases diarias sobre lengua, historia, literatura, costumbres, folclore y arte españoles y acuden a otras conferencias más abiertas que eran impartidas a última hora de la tarde en el Ateneo.

En 1927 la diversidad entre los docentes se incrementa, Gili Gaya, profesor de Fonética del CEH, Emilio Alarcos, de Valladolid y catedráticos de origen cántabro (José Ramón Lomba, Gerardo Diego, Ciríaco Pérez Bustamante, o Luis Hoyos Sainz), con conferencias vespertinas de profesores extranjeros. Este año la programación está casi monográficamente centrada en el siglo XIX (sociedad, cultura y literatura), especialmente en el romanticismo y en periodo contemporáneo, mientras que los dos años precedentes se había tratado especialmente el Siglo de Oro y el medievo.

La pluralidad nacional de los grupos implicaba la existencia de colaboradores de distintas nacionalidades: los alemanes desde Hamburgo por Rudolf Grossmann, director del Instituto Iberoamericano; la difusión en Inglaterra era impulsada por José Ugidos; y desde Francia por George Cirot (secretario del *Bulletin Hispanique*). Además estaba el grupo del Dr. Peers, con su *Bulletin of Spanish Studies*, que se sentía muy cómodo en un Santander que afirmaba se había *«convertido en uno de los principales centros intelectuales de España. El resto ha de suceder inevitablemente algún día»*, indicaba en referencia a la creación de una universidad de verano. Para ello da a la imprenta sus impresiones veraniegas de una ciudad que *«nunca olvidaré...*[24] El propio José del Río, *Pick*, el columnista más popular del Santander de los años veinte, definía la labor de Artigas como *«una sucursal de la Sociedad de Naciones en la Biblioteca de Menéndez Pelayo»*[25].

El acuerdo con la universidad castellana para crear un Colegio Mayor Universitario supuso incrementar el alumnado español, facilitar la estancia de catedráticos de Valladolid y ampliar la temática a las ciencias, la economía y el derecho. Estamos ya ante una Universidad de Verano, sólo falta darle ese nombre. Nicolás González Ruiz[26], redactor de *El Debate* y discípulo de E. Allison Peers, incidían en esto mismo: *«el profesor Peers ve en la Biblioteca de Menéndez Pelayo el núcleo de la Universidad futura*»[27]. Diez años después Peers se alegrará del resurgimiento de la UIMP, que entiende es continuidad de los cursos de Artigas en su artículo: «Santander, Universidades. ¿Y una profecía cumplida?»[28].

Artigas no sólo estrecha lazos hispanistas en Santander sino que viaja en varias ocasiones a Alemania con ese mismo fin. En 1926 es ponente en Düsseldorf, en un concurrido congreso dirigido por Meyer-Lübke, conferenciando asimismo en Leipzig, Hamburgo, Halle, Bonn y en el «*Spanische Arbeits gemeinschaft*» de Berlín, sobre Góngora, sobre Menéndez Pelayo, o impartiendo charlas sobre «Cómo pueden estudiar español los alemanes» o sobre el hispanismo en Alemania[29]. Será nombrado doctor *honoris causa* por dos universidades teutonas.

El contacto de Artigas con la intelectualidad francesa se realiza en buena parte mediado por el grupo de Burdeos (George Cirot[30], recensiona el *Boletín de la Biblioteca*, lo mismo que Marcel Bataillon con «Menéndez y Pelayo», en *Bulletin Hispanique*; o Foulché-Delbosch, suscriptor del *BBMP* desde 1919), y mediante Charles Aubrun[31], del Institut d'Etudes Hispaniques y Ernest Martinenche[32]. Artigas, que en 1932 conferenciará en París, tiene allí un buen contacto en su amigo el historiador Aurelio Viñas Navarro, embajador cultural de España.

En lo que respecta a la actividad en torno a las ideas de Menéndez Pelayo, fueron muchos los intelectuaes interesados: Portugueses (Fidelino de Figueiredo), americanos, (José de la Riva-Agüero o Carlos Pereyra), alemanes (Edmund Schramm, Ludwig Pfandl, Joseph Froberger, Hubert Becher, Antonio Burkard), o ingleses (Henry Louis Hughes[33]). Burkard, autor de *Fisonomía de la España moderna*, ligado a grupos católicos, tras recordar con agrado su paso por los Cursos de Santander, enviará a Artigas un ejemplar de la edición especial de *El Debate* en alemán[34].

> Esta cercanía de Artigas a *El Debate* se manifiesta en los artículos suyos que aparecen con alguna frecuencia en este diario: *Memorias de D. Enrique; In memoriam; e Hispanistas italianos*, en 1923; *Bachillerato clásico*, 1924; *Misiones y misioneros; Historia de las matemáticas; El legado del Conde de Cartagena; Primo de Rivera, poeta; Carta del tío Jacinto*, 1929; *Anales Salmantinos, Sobre Eugenio d'Ors* (dos artículos de 1930); *Equivocación esencial; Un ensayo y una catástrofe*, 1930; *Las Bibliotecas Provinciales, La Universidad de antaño*, 1931.

La relación con el CEH se fue estrechando y en 1930 los programas de los Cursos de la SMP anuncian la incorporación de Pedro Salinas para clases de literatura, lengua y fonética. Salinas ya se había interesado por los cursos de Artigas al coincidir ambos en 1927 en Córdoba con motivo del centenario de Góngora y le decía: «*lo que no le perdono es que no me envíe datos del Santander veraniego*»[35]. Ese verano de 1930 se recibe a otro visitante excepcional, Ramón M. Pidal, (que dirigía el CEH) que llega a Cantabria en su vuelta por España recogiendo viejos romances y visita la BMP donde le esperan Cossío y Artigas a quién había encargado preparar lo relativo al *Mester de Clerecía y la Poesía del Siglo XIV,* para una Historia de la Literatura que iba a coordinar.

Los cursos de Santander llegarán a ser una destacada iniciativa cultural en el período de la Dictadura, sobre todo si se tiene en cuenta su implantación en una capital de provincia que carecía de universidad y alejada de los dos principales centros educativos. Se perfilaba la idea de crear una universidad de carácter internacional y Artigas posiblemente ya preparaba gestiones con los responsables políticos y se preguntaba:

> ¿El porvenir? [...] si la discreción no atase mi pluma podría revelar un proyecto importante que hará pronto de Santander un centro veraniego frecuentado por centenares de estudiantes de todos los países[36].

ARTIGAS GONGORISTA

En la labor de Artigas ya hemos dicho que destacan dos aspectos distintos: un Artigas que se descubre como custodio de Menéndez Pelayo, divulgando su biografía y su obra como historiador de las ideas que emana de toda su obra; y un Artigas más autónomo, que es el filólogo que estudia la obra de Góngora, un tema preferente que ocupó su tiempo libre a mediados de los años veinte, contribuyendo al redescubrimiento del poeta cordobés, lo que le proporcionó un premio de la RAE y luego el Premio Nacional. Supo pues compaginar sus labores de gestor y catalogación de los fondos de la BMP con estudios filológicos fruto de sus descubrimientos entre los preciados libros del maestro.

Pero queremos subrayar que también en su vertiente de investigador de nuestros clásicos se apoya siempre en la enorme fuente filológica de Menéndez Pelayo. Así, además de Góngora, Lope de Vega, Quevedo, o Fray Luis de León, rescata aspectos poco conocidos de clásicos, como Timoneda, Medina Medinilla (estudiado por Gerardo Diego), Luis de Ulloa, o del humanista y poeta Juan Cristóbal Calvete, pero también sobre los ilustrados, Bartolomé José Gallardo, o Tomás Antonio Sánchez.

Decimos que Góngora es el autor elegido por Artigas y curiosamente en esto se distancia un poco de su maestro, cuyo aprecio por el andaluz era muy inferior al que siempre había demostrado por Lope, Quevedo o Calderón, quizá porque, en su subconsciente, Menéndez Pelayo valoraba con simpatía las raíces montañesas de los tres...

Reflexionando sobre Góngora, comentaba Artigas cómo Rubén Darío había desatado entre los jóvenes poetas el fervor por el culteranismo del viejo y denigrado Góngora; pero que *Rubén no hizo más que ser el eco* de las nuevas tendencias, porque en toda Europa a comienzos del siglo XX, había *una inquietud grande en el arte, un anhelo de originalidad, de distinción y de refinamiento que ha llegado a veces hasta lo absurdo.*

Las nuevas tendencias se ponen de relieve con motivo de la conmemoración del tercer Centenario de Góngora, organizado por los jóvenes del 27: Gerardo Diego involucra en el evento, no solo a poetas, sino que, haciendo una excepción, quiso incluir textos de estudiosos del poeta cordobés, como sus paisanos José María de Cossío (para el estudio de los *Romances*) y del propio Artigas; lo hizo contra la voluntad de Dámaso Alonso, que defendía una conmemoración solo de artistas jóvenes[37]. Artigas colaboraría con las canciones, décimas y tercetos, aunque sólo se publican los estudios de Cossío y de Dámaso Alonso, que comentaba:

> Tengo verdadera estima por la labor de este señor [Artigas] pero creo que su inclusión desvirtúa totalmente el carácter del homenaje, el cual ha sido precisamente, Gerardo, el mayor acierto de la proposición de V: un homenaje de artistas jóvenes...[38].

Pero Artigas era indispensable cuando se trataba de Góngora, poeta del cual fue un temprano investigador a raíz de su estudio de unos manuscritos de Góngora de la Biblioteca de Menéndez Pelayo, contribuyendo a la puesta en valor de la obra del cordobés:

> En los últimos meses del año 1921, la cataloga-
> ción de algunos manuscritos de Góngora que
> se guardan en la Biblioteca de Menéndez Pe-
> layo en Santander, me llevó como de la mano
> al estudio detenido de las obras, de los suce-
> sos, de la vida del gran poeta cordobés... Que-
> dan todavía muchos puntos oscuros [pero...]
> deseo ardientemente que muy pronto se diga
> con justicia de mi *Don Luís de Góngora y Argote*
> que es un libro anticuado[39].

De ahí la Medalla de Oro que le concede la RAE, en octubre de 1924, por *Don Luís de Góngora y Argote. Biografía y estudio crítico* (1925). Para ello había compartido confidencias sobre el cordobés con Diego y Cossío, que se apresuró a recensionar los estudios de Artigas en la *Revista de Historia* de la Universidad de Valladolid (n° 7, 1925) resaltando la búsqueda concienzuda de noticias biográficas y la inclusión, de *invectivas crudísimas* cruzadas entre Quevedo y Góngora, inéditas en la biblioteca de Menéndez Pelayo, o que Artigas acaba con «*la leyenda tradicional del Góngora bueno y el Góngora malo*».

Artigas resaltaba que no se ha notado como se debiera, que en la poesía tradicional, en los alabados *romances* y *letrillas*, es donde el arte de Góngora, *el artificio,* consigue mayores triunfos, con metáforas, asociaciones de ideas sorprendentes, juegos de palabras y una concisión evocadora, que revelan al maestro de la técnica...[40].

Precisamente es la actualidad de la obra de Góngora uno de los temas que desarrolla Artigas al viajar en 1926 a Alemania para participar en el congreso de Filología de Dusseldorf. Diego a su vez había publicado en la *Revista de Occidente* su «Escorzo de Góngora» que sirvió para fortalecer un nexo de unión entre los jóvenes poetas.

Con Artigas la vida de Luis de Góngora *«quedó por vez primera estudiada en un ambiente exacto y comprendido»,* dirá Gerardo Diego, tratando de sacar a la luz el mérito de Artigas, hombre modesto que restaba importancia a sus trabajos y comentaba:

> ...quedan todavía muchos puntos oscuros y sucesos poco o nada estudiados en la vida de Góngora [pero...] deseo ardientemente que muy pronto se diga con justicia de mi Don Luís de Góngora y Argote que es un libro anticuado...

Años después, tras la guerra, en su «Nuevo Escorzo de Góngora»[41] volvería a recordar el papel fundamental de un Artigas precursor del gongorismo, aunque ocultase *«con auténtica modestia su decisiva participación»,* como el propio Diego reconocería posteriormente:

...en su búsqueda parten un día por caminos opuestos un erudito investigador y un poeta que ha heredado la sensibilidad del idioma, Artigas y los jóvenes poetas del año del centenario gongorino llegaron, en efecto, a conclusiones idénticas y un buen día se encontraron en la misma cumbre desde la que se divisaba, gracias a Dios y por fin, todo el panorama culterano y barroco envuelto en luminosidad[42].

El 20 de mayo de 1927 en la parroquia de Santa Bárbara de Madrid un maduro Miguel Artigas acompaña a un grupo de jóvenes poetas, Jorge Guillén, Pedro Salinas, Gerardo Diego, Federico García Lorca, Rafael Alberti, José Bergamín y Dámaso Alonso a unos funerales por don Luis.

Cuando *La Gaceta Literaria* dedica su número de junio de 1927 al *Centenario* del poeta cordobés, participan una veintena de firmas, entre ellas Cossío, Artigas y Diego. Este centenario congrega en Córdoba, entre otros, a Salinas, Jaén, Bacarisse, Ovejero y a Miguel Artigas, que pronunció dos conferencias. En la primera de ellas el 21 de mayo publicada como «*Góngora y el gongorismo*» resume su idea literaria sobre el poeta cordobés, que complementa el 22 de mayo, en la Academia cordobesa, con «Lo que no sabemos de Góngora y de su obra»[43]. *La Libertad* destacó estos novedosos estudios de Artigas:

¿No lo dije? Ya hay quien aparta a usted a un lado y se proclama el único albacea de Góngora. Claro que usted, con la magnífica biografía de don Luis, tiene bastante para dar prueba en juicio. Pero ¿y el pedantuelo vano que, por haber garrapateado un articulejo indocto, o zurcido, unas estrofillas sombrías, se arroga la representación de la juventud en el homenaje al Maestro?[44].

Explicaba Artigas como, aunque se admiraba al Góngora de los *Romances* y de las *Letrillas*, no era un autor fácil de leer y «*pocos han pasado de las primeras estrofas del Polifemo y de las Soledades*»:

Les atemoriza el *cave canem* que escribieron en el pórtico los enemigos de Góngora y durante dos siglos enteros, salvo contadas excepciones, todos los historiadores y críticos han repetido mecánicamente, sin molestarse en estudiar estos poemas, el juicio estereotipado de su obscuridad impenetrable[45].

Artigas sabía que contradecía a Menéndez Pelayo, quien en la *Historia de las Ideas Estéticas*, aunque admiraba al Góngora de los *Romances*, afirmaba que *Soledades* no tenía *asunto* y estaba *privado de alma*, trabajado en la forma, pero sin contenido; *idolatría de la forma,* dirá siguiendo a Menéndez y Pelayo.

Pero Artigas apuntaba que estaba cambiando la crítica, antes desdeñosa quizá por desconocimiento, con un redescubrimiento ya desde los poetas parnasianos y simbolistas franceses, citando a Rubén Darío como admirador del otrora tan atacado poeta, por Jáuregui, Lope o Quevedo[46]. Reflexionaba Artigas que:

> Los críticos adversos a Góngora plantean por vez primera de un modo claro, en la literatura española, el problema del purismo. Antes encontramos alguna alusión o burla jocosa del afán latinizante y cultista de algunos escritores: recuérdese la alusión de las *Coplas de la Panadera* al estilo del Marqués de Santillana, por ejemplo, y las censuras, más o menos directas, en las disputas de los partidarios de la escuela tradicional en tiempos de Garcilaso; sin embargo, de modo general se puede afirmar que, hasta Góngora, el empeño latinizante y erudito era considerado como un mérito [...] Sólo ante las *Soledades*, el *Polifemo* y el *Panegírico* se levanta una oposición fuerte, sostenida, que comienzan poetas y críticos: Lope, Jáuregui, Cascales, y que pasa después al vulgo a través de los escritores satíricos y de los dramaturgos [...] un truco para congraciarse con el vulgo, salpicar los dramas con algunas escenas caricaturescas del estilo culto[47].

Sin embargo entendía que *Soledades* eran «*espléndidas flores del jardín del humanismo español; por flores, bellas; por criadas en un invernadero, desprovistas del olor y frescura de la Naturaleza, flores para escogidos...*».

Explica Artigas el gusto por lo latino, el refinamiento del arte literario y el *prurito de los poetas por evitar toda vulgaridad*, sí se exceptúa las obras de teatro, pues *habían de ser re-*

presentadas ante un público numeroso y vulgar, y anota cómo el período de mayor refinamiento llega hasta el *Polifemo* y con las *Soledades* (1612), *alarde poético de Góngora, el punto culminante de su poesía en esta dirección renacentista e italianizante que comenzó con el dulce Garcilaso* y ahora en *Soledades* presentaba un confuso tema de melancolía y amor platónico, quizá con demasiada afectación, pero indicando Artigas que *con un gran instinto de poeta*, Góngora evitó que el contenido sonara demasiado *a realidad histórica o topográfica*. Pero al menos —resaltaba Artigas—, *hay que añadir en honra del autor que ha llevado a la lengua castellana con su trabajo a la altura de la latina* y contribuyó a que aumentara *el tesoro de las imágenes y de las metáforas*[48]. Es evidente, apuntaba, que la influencia de Góngora reinó en la literatura española *hasta que la influencia francesa vino a dominar nuestro Parnaso*.

Maeztu, aunque mostraba escasas simpatías por el poeta, apuntaba que Artigas había sido *premiado con justicia*, a pesar de haber escogido a un autor que había despertado pocas amistades en Menéndez Pelayo[49]. Unamuno encontraba frivolidad en la obra de Góngora y Eduardo Gómez de Baquero veía con cierta inquietud este despertar gongorino, criticando excesos de pureza literaria en los primeros pasos de los del 27, y poca literatura comprometida, pero recibió el estudio de Artigas con el mayor aprecio:

...Góngora es un autor peligroso, en momentos de narcisismo y diletantismo en que hay más espuma de metáforas que zumo de pensamiento[50].

Esta opinión era compartida por otros críticos: Astrana Marín, se sinceraban ridiculizando al vanguardismo:

> ¿Cómo sigue esa afición por Góngora? Le supongo escarmentado de las mamarrachadas ultraístas [...] Porque, en el fondo, amigo Artigas, a mí no me va Vd. a convencer de que le entusiasma hasta el delirio Góngora...»[51].

El año de 1928 se había iniciado con la cómica ocurrencia de los «gongorinos», de aparentar la quema de algunas obras de autores poco afines al poeta andaluz, Lope de Vega, Galdós, Quevedo, e incluso las *Ideas Estéticas* de Menéndez Pelayo, actos de los cuales siempre se desmarcó Artigas. El tiempo pondría las cosas en su sitio... El periodista santanderino José del Río, *Pick*, amigo de Artigas, aprovechó el debate para atacar las *operetas vanguardistas*, criticando el arte por el arte, que aislaba de las realidades sociales y por ello ensalzaba la obra comprometida de Concha Espina, que sabía mostrar las miserias humanas[52].

Decisiva fue pues la aportación gongorista de Artigas y del trío de Santander: Artigas recibirá por su *Semblanza*, en diciembre de 1927, el Premio Nacional de Literatura, convocado en febrero por el Ministerio (con Gabriel

Miró, Pedro Salinas, Jorge Guillén y P. Sainz
Rodríguez en el jurado) y al respecto aparecen artículos suyos en la *Revista de Filología
Española*[53]; dedica el libro a Dámaso Alonso,
con quién había compartido este premio Nacional» y de quién generosamente dijo que la
versión en prosa que hizo Dámaso de *Soledades*
había sido fundamental para comprender mejor al cordobés (*EDM*, 7-V-1927).

Fueron estos años de la Dictadura un buen
momento literario, también en Santander. Gerardo Diego se consolidaba como poeta ganan-
do el Premio Nacional de Literatura por *Versos
humanos;* Artigas era Premio Nacional por *Semblanza de Góngora;* Pedro Sainz Rodríguez, intelectual muy vinculado a Santander y cercano
a Artigas obtuvo a su vez el Premio Nacional
de Literatura en 1926. Acudían en los veranos
al Ateneo y a la Biblioteca de Menéndez Pelayo lugares de reunión compartidos con José
María de Cossío, valedor de los jóvenes poetas.
También Concha Espina llega a su cúspide literaria con premios para sus grandes novelas
y siendo candidata al Nóbel. Otra prueba del
buen ambiente literario de la capital cántabra
eran los certámenes ganados esos meses por
Pick, López Argüello, o José Montero Alonso (también premio Nacional de Literatura de
1928 por una antología literaria).

Su labor filológica hace que el nombre de
Artigas se conozca entre el mundo literario.
Aunque nunca dejó de estar pendiente de la

promoción del maestro y su *Menéndez y Pelayo* (1927) podía interpretarse como un refuerzo a la tradición, a la vez está claro que *Semblanza de Góngora* le encumbra, siendo apreciada por las vanguardias lo que refuerza su relación con los poetas del 27: Pedro Salinas, desde Sevilla, alude a Artigas como «*distinguido amigo y compañero en Góngora*»[54].

LA PROMOCIÓN DEL PENSAMIENTO DE MENÉNDEZ PELAYO

Fecha clave para Artigas es pues el año 1927, en que su figura se proyecta más en la cultura nacional y empieza a ser muy conocido tras sus estudios sobre Góngora y su Premio Nacional. También ha conseguido que los Cursos de Verano cuenten con un Colegio Universitario; publica su *Menéndez y Pelayo* (1927); y el 16 de febrero abre un amplio ciclo de conferencias en Madrid sobre la actualidad del polígrafo, en sesión presidida por el ministro Eduardo Callejo, con presencia entre otros de Eugenio d'Ors y de Pedro Sainz Rodríguez.

Con su conferencia madrileña, «Vida intelectual de Menéndez Pelayo», Artigas pone de relieve la profundidad filológica de sus estudios y la modernidad del santanderino, «*distante de las dos escuelas que dominaban despóticamente en España, el escolasticismo y el krausismo*»[55]. Estas ideas las volvió a subrayar en artículo en el *Bulletin of Spanish Studies*, incidiendo en la actualidad del pensamiento del polígrafo y la pluralidad de los oradores, tradicionales e innovadores que se habían reunido y que «*no son de una sola tendencia en su conjunto, representan a toda la España que piensa y estudia*»[56].

El bibliotecario, sin desdeñar la importancia del pensamiento político opinaba que la *Historia de las Ideas estéticas*, considerada la más original, era la «*obra fundamental y cardinal del maestro* [...] *donde se concentra y dónde irradia su pensamiento...*»[57]. Aun así, no desdeña resaltar la importancia del pensamiento político que, aunque no contenido estrictamente, destila de su obra, especialmente en cuanto que fue un corpus que en conjunto conducía al redescubrimiento con orgullo de un pasado, imprescindible para construir el futuro.

Hay que insistir pues en que Artigas entendía que el Menéndez Pelayo fundamental era el filólogo, historiador y crítico de la literatura española, y es de ahí de donde deriva su idea de España, que para Artigas destilaba de toda su obra (aunque la distinción entre obras ideológicas e históricas, que algunos han aducido, posiblemente no existiera para el maestro). Contemplaba dos polos de máximo interés en la obra del sabio: apuntaba que «*trae al campo de la historia, de la erudición y sobretodo de la crítica literaria, un valor estético*», volúmenes enteros que se leen con deleite como de obra de arte; y por otra parte incidía en el *espíritu profundamente español* que los informa, en cuanto reconstrucción de capítulos olvidados de la historia patria liberada de prejuicios[58]. Al respecto subraya Artigas el *tono cordial* del conocido prólogo a la segunda edición de *Heterodoxos*, que demuestra comprensión aún por los autores que rebate y en el que el polígrafo reconoce con humildad errores de juventud. Quitaba también Artigas leyenda al hombre y comentó que *lo mejor suyo nos lo dejo en sus obras impresas*, y que por ello, *los que no le conocimos, estamos a veces en disposición espiritual más favorable para conocerle que algunos de los que le trataron.* Es cierto, dice, que no nos dejó obras terminadas; *prefirió, y fué uno de sus mayores aciertos, levantar hitos indicadores en puntos estratégicos.* Por ello se atreve a definir la obra del sabio, con unas frases muy concretas: Era un arquitecto genial, no era un hábil cantero. Trajo planos, marcó direcciones, desglosó caminos, educó y formó discípulos.

Quiso resaltar también cómo el polígrafo *a través de la cultura catalana llega a comprender y a amar a Cataluña* que define como *la región más personal y distinta del mundo hispano.*

Artigas repetirá en el Ateneo santanderino la interesante conferencia «Vida intelectual de Menéndez Pelayo» y en su tribuna presenta a Sainz Rodríguez, que diserta sobre «Representación de Menéndez Pelayo en la vida nacional». El futuro ministro Sainz era asiduo del Ateneo y su menendezpelayismo era temprano, fruto de sus adolescentes veraneos en la Biblioteca de don Marcelino, donde había ganado un certamen con el tema *La patria y la región según Menéndez Pelayo*[59] (posiblemente apoyado por Artigas). De este modo se fue dando a conocer la santanderina BMP con motivo de las «Peregrinaciónes a la Meca del Hispanismo» como comentaba *El Debate* (*ED*, 20-VII-1927), hablando de la escuela de hispanistas. También la Casa natal del polígrafo iba a ser pronto adquirida como museo (en junio de 1927, la SMP colocaba una lápida conmemorativa).

En este marco se produce el progresivo acercamiento a la figura y las ideas de Menéndez Pelayo por parte de escritores de primera fila, como eran Maeztu y d'Ors, y se refuerza el interés en otros que ya le tenían muy presente, como Sainz Rodríguez, Ángel Herrera Oria y Vegas Latapie. Ramiro de Maeztu y Eugenio d'Ors, redescubren la obra de Menéndez Pelayo como modelo ideológico imprescindible para la España del momento. En Maeztu, el desinterés por Menéndez Pelayo se ha tornado en afecto, entendiendo ahora que una regeneración sólo es posible si es consciente de la fuerza de nuestra historia y de la tradición como nexo aglutinador. También d'Ors, que se ha ido desvinculando de lo meramente catalán, se interesa más por la idea de España y vuelve su mirada hacia Menéndez Pelayo y visitará Santander.

La correspondencia de Artigas muestra estas raíces santanderinas del menendezpelayismo[60].

La idea de España de Menéndez Pelayo, entendido como historiador del pensamiento, es asimilada en distintos grados por estos intelectuales que hacen suya la idea del sabio sobre la imposibilidad de desligar catolicismo y nación, *«España evangelizadora de la mitad del orbe»*, lo que llevaba implícita la defensa de la función imperial ejercida en apoyo de una cristiandad universalizadora. Sorprendentemente, esta vindicación de la función desempeñada por la monarquía católica es en ocasiones patente en el hispanismo católico que frecuentaba la BMP[61]. Y en este redescubrimiento del polígrafo santanderino es evidente el papel jugado desde Santander. Una frase elocuente al respecto podría ser la que escribe Ramiro de Maeztu, a Artigas en 1929: *«¿Qué podremos hacer para reanudar nuestra historia? Usted me dirá que ese es el objeto de la Biblioteca Menéndez Pelayo»*.

Por entonces Maeztu envía a la prensa (*El Mundo*, La Habana, 20-XI-1927) reflexiones redactadas a raíz de su correspondencia, reconociendo su deuda con Artigas *«el patriotismo de Menéndez Pelayo y el menéndezpelayismo de España los destaca excelentemente don Miguel Artigas»*, reflexiones que repetirá en *Defensa de la Hispanidad* (1934) citando al bibliotecario[62].

A la vez Eugenio d'Ors entendía que Menéndez Pelayo es un estilo de pensar y su idea de España un referente imprescindible y entabla correspondencia con Artigas y llegará a Santander en febrero de 1930, sobre cuya visita informaba Artigas en *El Debate*: «*parecía llegado el momento de invitarle a que expusiese ahora sus ideas sobre la Agrupación de Amigos de Menéndez Pelayo*».

El 14 de febrero de 1930 Artigas consigue que d'Ors ocupe la tribuna del Ateneo, en una estancia que se prolonga varios días para impartir la conferencia inaugural en el entorno privilegiado de la recién creada Cátedra Menéndez y Pelayo, en reunión académica de los miembros de la SMP. *Mi gratitud por las pruebas de amistad que me han dispensado, [...] en nuestras horas moceriles de Residencia, aprendí a conocerle y a estimarle*», le escribirá Eugenio d'Ors con este motivo. Allí presenta sus tesis enfocadas esta vez sobre «Menéndez y Pelayo y el Nuevo estilo de la política» y D'Ors glosará en *ABC* «Cátedra Menéndez y Pelayo: Profecía sobre los huesos y sobre los libros»[63], testimoniando el renacer cultural montañés capitaneado por Artigas, «*maestro de humanistas*».

También Sainz Rodríguez trataba esos meses de encumbrar a Artigas como director de la Biblioteca Nacional en momentos en que ambos colaboraban estrechamente (preparan el *Epistolario de Valera y Menéndez Pelayo*)[64]. Y así, ya con éste en Madrid, en noviembre de 1930, se oficializa la *Sociedad de Amigos de Menéndez Pelayo*.

La BMP se consolidaba como lugar de encuentro intelectual. Ese verano la visitaba Ramón M. Pidal en unas semanas en que la posición de Artigas como interlocutor necesario en las esferas culturales se consolidaba con su paso a Madrid para dirigir la Biblioteca Nacional. Ángel Herrera Oria le insistió para que colaborase en *El Debate* como columnista, lo que hizo ocasionalmente. Eran momentos de inminentes cambios políticos; en el otoño de 1930 fue decisivo el artículo de Ortega «El error Berenguer», que abriría el camino a la República. Su frase final «*Delenda est Monarchia*» será respondida por d'Ors con «*Delenda est barbaria*» (*ABC*, 8-I-1931).

En resumen, podemos afirmar que esta relación de Artigas con Maeztu y d'Ors, al igual que años antes con Sainz Rodríguez, o con *El Debate* sirvió para hacer resurgir las lecturas del pensamiento histórico y político que impregnaban la obra del sabio. A nivel nacional nace una Sociedad de Amigos de Menéndez Pelayo, que será constituida el 28 de noviembre de 1930, entre otros por d'Ors, P. Félix, Vega de Anzo, Alfonso Querejazu y con el propio Artigas...

En *La Época* (con motivo del XX aniversario de Menéndez Pelayo, junto a artículos de d'Ors, Araujo-Costa, Eloy Bullón o Fernández Cuenca), Artigas invita a conocer mejor la herencia común hispana frente a los nacionalismos, sin menoscabo del aprecio por las singularidades regionales con su «Menéndez Pelayo y la cultura española»:

> ...concebía Menéndez Pelayo el regionalismo, expansivo, generoso imperialista si queréis, no huraño, limitado y estrecho [...] llevamos ya un siglo de sacar variantes [...] raciales, lingüísticas, históricas, de usos y costumbres en las diversas regiones españolas, con tal intensidad que casi nos hemos olvidado de la común [...] Va a ser necesario comenzar pronto el estudio de lo común hispánico[65].

No queremos dejar de recordar que el santanderino era también referente para algunos intelectuales liberales como Gregorio Marañón. Y desde la embajada en Berlín, Luis Araquistáin, que preparaba una conferencia sobre el sabio y veía compatible su ideología socialista con su admiración por el polígrafo, escribe a Artigas:

> Veo en la prensa española que está muy avanzada la edición de las obras completas de don Marcelino, por lo cual le felicito a V. por su intervención en esa importante tarea y yo me congratulo como ferviente lector de nuestro gran hombre[66].

Miguel Artigas, de temperamento conciliador siempre procuró facilitar entendimientos: en febrero de 1930 cuando visitaba la BMP Fernando de los Ríos, reconoce en él una herencia intelectual institucionista, por ello distinta a la del polígrafo, pero veía posible llegar a una concordia para abordar los retos que precisaba España, tratando de unir ambos legados:

> ...oír un diálogo entre D. Marcelino y D. Fernando. Es seguro que hubieran coincidido en todo, en casi todo... podremos diferir en los medios –ha escrito el maestro– pero en la aspiración estamos conformes.

Aspecto que resalta también Guillermo de Torre en su *Menéndez y Pelayo y las dos Españas*, citando a Fidelino de Figueiredo que, a su vez en *Las dos Españas* (1933), se pregunta si será posible organizar un ideario nuevo, unir las dos Españas entre las que por entonces veía un abismo.

El monárquico Miguel Artigas que no se identificaba con un concreto grupo político, tenía amistades entre los de *El Debate,* los de Acción Española y con institucionistas. También colabora en la fundación de la revista *Cruz y Raya,* de línea de catolicismo abierto liderada por José Bergamín. Como comentó un asiduo de la BMP, *«la Biblioteca no es iglesia de un culto determinado y estricto... Por allí pasan todos los ciudadanos libres de la República de las letras...»*[67].

Nunca rechazó disertar ante auditorios de todas las tendencias (conferencia en la Casa del Pueblo, para los sindicatos tipográficos, o en el Ateneo Popular, donde con «Las dos Españas», fue muy aplaudido)[68]. Su talante era conciliador: había llevado al dictador, Marqués de Estella, en el verano del 29, a conocer la santanderina Casa de Galdós, dónde le intentó arrancar la promesa de un museo. Con este motivo afirmó que «*no se puede comprender la vida española del siglo XIX sin "Gloria" y sin "Peñas Arriba", sin "Doña Perfecta" y "Don Gonzalo González de la Gonzalera"...*»[69].

DIRECTOR DE LA BIBLIOTECA NACIONAL Y ACADÉMICO DE LA LENGUA

La caída de la Dictadura acontece en un momento en que los Cursos de verano santanderinos estaban en plena expansión. Enumeraba Artigas las instituciones santanderinas, como la BMP, la Biblioteca Municipal, la Estación de Biología Marina, la Comisión de la Cueva de Altamira, o el hospital Valdecilla, demostrando que la cultura montañesa estaba en una etapa inigualable[70], arranque cultural que había hecho surgir la idea de crear una universidad de carácter internacional. Artigas hablaba de gestiones con los responsables políticos, aunque los proyectos en expectativa tendrán que esperar hasta años posteriores.

En este contexto fue propuesto para director de la Biblioteca Nacional, a favor de los nuevos aires del gobierno Berenguer, con la creación de un Patronato para la Biblioteca

Nacional (Real Decreto de 15 de mayo de 1930) al igual que un Patronato del Prado había favorecido la gestión del museo. Contaba con el apoyo de Sainz Rodríguez[71] y de varios miembros del reciente Patronato, entre ellos Gregorio Marañón y Américo Castro, que avalaron su candidatura siendo finalmente propuesto por unanimidad.

En el verano de 1930, el 27 de julio, es nombrado director, y poco después se le encomienda viajar a Berlín en donde se entrevista con el director de la Biblioteca germana, consiguiendo con gran éxito (hablaba alemán con fluidez) localizar y rescatar unos grabados robados en la Biblioteca Nacional. Recibe el reconocimiento y apoyo de muchos hispanistas:

> Bousagnol (21-IX-1930): ¡cuánto pierde Santander, y con Santander toda aquella gente nuestra que mandábamos allá como si fuera una Meca bibliográfica!; Por su parte Maeztu habla de «defender España con los libros en la mano»; y Américo Castro le anima a innovar todo lo posible y por ejemplo, le propone adquirir una moderna fotocopiadora...

Artigas preparó sin dilación una memoria para el Patronato, que presentada el 21 de octubre y que se traduce en un completo Plan de mejoras de los servicios bibliotecarios y del edificio. Así, una gran Sala General será inaugurada por el Presidente de la República en junio de 1932, cubriendo la demanda de lectura popular, para lo que se había habilitado, en abril, otra sala en la planta baja, en el museo de Arte Moderno, que inaugurará también el presidente. *El Sol* (15-V-1932) recoge los planes modernizadores como nuevo reto de la Biblioteca y se indica que en Artigas «*recae todo el mérito de la gran transformación llevada a cabo en un año...*» También Américo Castro, en marzo de 1931 volvía a referirse a la gran labor de Artigas en la Biblioteca Nacional:

> ...me parece que ha sido todo una fantasía y que no es posible que aquella porquería esté hoy en manos de quién está y andando como anda. Pero es realidad y bien grata[72].

No olvida sin embargo el bibliotecario sus mejores años en Santander y desde la Biblioteca Nacional seguía pendiente de los hombres de letras montañeses y prologa a Manuel Llano, con su gran prosa poética en *Brañaflor* (1931, pról. p. IX-XV); al igual que prologa la reedición de la novela *La golondrina* de Enrique Menéndez Pelayo. En Santander, su amigo José María de Cossío ha sido nombrado director interino de la BMP, hasta que finalmente accederá por concurso otro buen amigo de Artigas, Enrique Sánchez Reyes, al que conocía desde los años de estudiante y con el que colaborará estrechamente en adelante. En el Ateneo se le homenajea y nombra socio de Honor, el 6 de octubre de 1930 y la SMP también le rinde reconocimiento con un busto

cincelado por Emiliano Barral, tras suscrip-
ción pública, inaugurado en presencia del al-
calde republicano, el 2 de diciembre de 1931
en un acto de la mayor sencillez, que demuestra la humildad de Artigas, que así lo exigió,
sin invitaciones ni difusión del hecho hasta la
inauguración[73].

Un punto de inflexión, que anunciaba un
cambio de época, se produce cuando en el verano de 1932 el ministro de Instrucción Pública Fernando de los Ríos firma el Decreto de
creación de la Universidad Internacional en
Santander y nombra a Pedro Salinas Secretario General (Salinas dirigía los Cursos de va-
caciones del CEH y había colaborado con Artigas en los de Santander). Enfatizaba Ríos su
deseo de un proyecto de afanes pedagógicos,
«*vamos a la creación de la aristocracia del espíritu...
reclutar* [...] *a los muchachos más inteligentes y ap-
tos[74]*». Ese verano Artigas ejerce de anfitrión
el 19 de agosto de 1932, cuando el presidente
de la república, Alcalá Zamora, visita la BMP.
De este modo, inaugurada la Universidad Internacional en 1933, los Cursos de Extranjeros organizados por la SMP, iban a ser ya inte-
grados en la UI, con continuidad en cuanto a
profesorado: Tomás Navarro, Salinas, Diego,
Cossío...

Ciertamente algunos de los grupos nacionales que venían colaborando con Artigas, como
el de Hamburgo y el de Liverpool de Peers,
se retiran de organizar grupos de alumnado

para los cursos de Santander que ahora coordina la propia UI. Peers era un gran amigo de España y desea lo mejor a Artigas disculpándose si en alguna ocasión habían tenido malos entendidos...[75].

Esa primavera de 1933 conocemos la que es quizá su última presencia pública en el Santander de los años de la república: es un 30 de mayo cuando viene al Ateneo en el ciclo *Pereda en su Centenario*, diserta sobre «Menéndez Pelayo y Pereda» y prepara para publicar «De la correspondencia entre Pereda y Menéndez Pelayo. Las primeras Cartas»[76].

Por entonces la nueva UI crea un Patronato de catorce miembros, incluyendo entre ellos a Miguel Artigas en calidad de representante de la SMP (aunque al renovarse el Patronato, el 17 de octubre de 1934, este puesto de la SMP pasará a José María de Cossío).

Pero Artigas no asistió a la inauguración de la UI, pues viajó de Madrid a Santiago esas semanas en visita de Inspección bibliotecaria y más tarde pasa algunos días descansando en la sierra madrileña y acercándose al archivo del Escorial, donde el P. Julián Zarco y el P. Alejo Revilla[77] catalogaban los manuscritos griegos. Por primera vez en muchos años no acude ese verano a Santander. Un destacado miembro de la SMP, que había asistido a la inauguración de la UI, contaba a Artigas confidencialmente sus impresiones que podían compartir más miembros de la SMP:

Mucho me alegró el discurso de don Fernando de los Ríos que Vd. conocerá... En cambio me disgustó el discurso de Menéndez Pidal, que si bien hermoso en forma y fondo, no dijo palabra alguna de don Marcelino, no obstante haber sido el discípulo predilecto de éste, ni menos de don Miguel Artigas[78].

Pero *La Libertad* (4-VII-1933) sí resaltaba que la Universidad se fundaba a favor de una tradición y un movimiento cultural fundado por Artigas a la sombra de Menéndez Pelayo»:

> ...sobre una tradición cultural de la que puede enorgullecerse la ciudad de Santander, a la que ha correspondido siempre un puesto de honor en la historia de la cultura española [...] Hace años que se celebraban durante los veranos cursos para extranjeros, que fundó y estimuló allí el hoy ilustre director de la Biblioteca Nacional, D. Miguel Artigas, cuyos méritos extraordinarios acaban de ser premiados con un sillón de la Academia. La sombra augusta de Menéndez Pelayo, que ha perdido su significación ideológica para convertirse en un luminar de ciencia literaria pura, protege la naciente institución.

Coincidiendo con la creación de la UI, Miguel Artigas era elegido Académico de la Española de la Lengua. El nuevo Académico era homenajeado esos días en Madrid (*ABC*, 1-VII-1933 p. 9), presidiendo el acto el ministro Francisco Barnés. Su discurso de ingreso será leído el 13 de enero de 1935 al tomar posesión de su sillón como Académico de Número.

Este discurso *«Consideraciones sobre la pureza de la lengua en la historia literaria española»* es muy representativo de su forma de entender la historia literaria y de su carácter de investigador concienzudo. Mezcla erudición (no olvida acudir a Góngora), con anécdotas e incluso aportando frases ocurrentes y simpáticas ironías, aspecto que iba muy bien con su carácter simpático. Ocupó el sillón que perteneció a Villaurrutia cuya vocación de historiador surgió –dice Artigas– ordenando legajos de los Archivos de las Embajadas que sirvió en Londres, Viena y Roma:

> Quiero ahora imitarle, por lo menos en esto, en ofreceros algunas consideraciones, documentos y noticias sobre la preocupación por la pureza de la lengua en la historia literaria española, disciplina a la que he dedicado algunas vigilias y trabajos.

Y explica así el equilibrio que permitió nacer al castellano: la evolución natural y espontánea del idioma que se hacía del pueblo, pero evolución enriquecida, también frenada, por las tendencias eruditas y latinizantes que *«dada la constancia, tenacidad, número y calidad de los que seguían su bandera, hubiera acabado con el castellano, o no le hubiera dejado nacer...».*

Este tema del uso de palabras nuevas ya había sido abordado por Artigas al hablar de Reynoso como defensor del castellano en tiempos afrancesados[79]. Indica Artigas que *el aumentar con nuevos vocablos el caudal de la lengua fué preocupación y ocupación más sentida en el siglo XV* y comenta como Herrera, el gran poeta, en sus *Comentos* a Garcilaso, *trata deliberadamente de establecer teóricamente los principios de una lengua poética, distinta de la usual y corriente, es decir, un castellano que se parezca al latín de Virgilio o de Horacio.* No olvida Artigas apuntar que *esa dirección humanística y culta alcanza, como es sabido, su plenitud y más visible desarrollo en Góngora* y este cultismo es objeto de burla por los que defienden un estilo más popular, como años después lo serán los vocables franceses que introduce la aristocracia en una colonización cultural que también denostaba Menéndez Pelayo... ¡Pobre y calumniado siglo XVIII!, dirá Artigas defendiendo el españolismo de muchos ilustrados.

Poco después la Academia de la Lengua le encarga responder al discurso de ingreso de su amigo Tomás Navarro Tomás; y en 1940 le corresponderá de nuevo el honor de responder, al ingresar en la RAE su gran amigo Ángel González Palencia.

El nuevo académico era vocal del Consejo Nacional de Cultura creado en la República[80] y su figura era respetada por el hispanismo, muy conocida entre los de habla alemana. También entre los franceses, cuya *Académie International d'Histoire des Sciences* le nombra numerario en diciembre de 1933. Sin embargo su labor en la

Biblioteca Nacional no siempre fue fácil, por los frecuentes cambios políticos y presupuestarios. Consiguió del ministerio un Decreto (11-IV-1933) que creaba un organismo para intentar poner en marcha por vez primera el Índice Bibliográfico Español, que no pudo desarrollarse. Venía pidiendo aumentar tanto el número de bibliotecas públicas como las partidas económicas y a su labor se unía la alta inspección de la red de bibliotecas del Estado. En este sentido viaja por toda España: Mallorca, Santiago, Barcelona, Valencia, u Oviedo (con motivo de la destrucción revolucionaria de su Biblioteca Universitaria y su reinauguración). Se le puede adjudicar otro gran mérito, como fue el que su labor modernizadora de la Biblioteca Nacional fuera reconocida por todos, sin distinción de ideologías, algo difícil en la España del momento en que sin embargo nunca ocultó sus ideas.

Su capacidad de gestión era enorme y lógicamente le restaba mucho tiempo para profundizar en estudios, lo que le privó de concluir algunas de las investigaciones filológicas que tenía en curso, pues su tarea administrativa bibliotecaria era lo primero. También presidió el Instituto del Libro Español, creado en 1935, y estuvo presente en el Congreso de americanistas de Sevilla de ese mismo año. Es protagonista, con el discurso de acogida, a una nueva iniciativa: la Federación Internacional de Asociaciones de Bibliotecarios, creada en 1928, que por vez primera se reúne en España en su séptima sesión ejecutiva, el 28 de mayo de 1934 en Madrid, en cuya sesión inaugural Ortega y Gasset conferencia con «Misión del bibliotecario» y Artigas fue ponente con «Bibliotecas universales y Bibliotecas especializadas».

Vuelve a Alemania al iniciarse el otoño de 1935, disertando en velada literaria por el tricentenario de Lope en el Instituto Iberoamericano de Hamburgo, donde se representa *Fuenteovejuna*. Este verano se había ocupado, sin descanso, en la conmemoración del Centenario de Lope de Vega con una importante exposición en la Biblioteca Nacional.

Todo ello le hará figurar con derecho propio entre las personas más conocidas e influyentes del mundo cultural de los años treinta y la posguerra, relacionándose con los grandes hispanistas y literatos españoles e hispanoamericanos.

Iniciada la guerra civil, Artigas se encontraba descansando en su tierra aragonesa y no regresa a Madrid, pues teme las represalias siendo conocida su cercanía a la derecha monárquica. Al igual que a un gran número de intelectuales que evitaron reincorporarse a Madrid, el gobierno republicano le destituye de su cargo, en su caso de la dirección de la Biblioteca Nacional.

Pero se mantiene muy activo y acude al Homenaje Nacional a Menéndez Pelayo en Salamanca, en mayo de 1937. Un decreto de

27 de diciembre de 1937 crea el Instituto de España que el 7 de enero de 1938 se constituye en Salamanca, con Mesa presidida por Manuel de Falla, con vicepresidencia de Pedro Sainz Rodríguez y Secretaría de Eugenio D'Ors, realizando Miguel Artigas funciones de Bibliotecario, y conformada también por Muguruza, Castañeda y Amezúa.

Hasta su reincorporación a la dirección de la BN retorna provisionalmente a la capital cántabra, que seguramente traía a Artigas grandes recuerdos de los mejores años de su vida. Cuenta para ello con la orden directa del ministro y amigo Sainz Rodríguez para adjudicarle un puesto. Un motivo de su presencia en la capital montañesa era reeditar las obras completas de Menéndez Pelayo y retomar la organización de los Cursos de Verano que iniciara quince años atrás. Los Cursos se oficializan desde 1938 (*Gaceta* de 11-IV-1938) con secretaría de Joaquín de Entrambasaguas y dirección de Miguel Artigas, paso previo para crear de nuevo una universidad Internacional, como deseaba Artigas.

En Santander pasa varios meses antes de finalizar la guerra y le tocará de nuevo realizar, el 19 de mayo de 1938, el anual homenaje a don Marcelino y participar ese verano en el Congreso de la Asociación Española para el Progreso de las Ciencias donde le corresponde el Discurso inaugural de la Sección sexta (Ciencias filosóficas, históricas y filológicas) con «Una nueva Biblioteca de autores españoles»[81].

El 19 de mayo de 1938, un decreto encarga al Instituto de España la tarea de publicar una *Edición Nacional de las Obras Completas de Menéndez Pelayo*. En el verano de 1938, el 30 de agosto, se reúne en Santander la Mesa del Instituto de España, con presencia del ministro Sainz y se reafirma la urgencia de realizar esta Edición Nacional de las obras de Menéndez Pelayo, así como crear una colección de autores españoles, estableciéndose una comisión al efecto con Artigas, Amezúa, Emilio Cotarelo y Juan Hurtado. El CSIC recoge esta encomienda y en noviembre de 1940 veían la luz los tres primeros tomos, *Historia de las ideas estéticas*, dirigiendo la edición Miguel Artigas y Enrique Sánchez Reyes, director de la Biblioteca Menéndez Pelayo.

Su amigo Sainz Rodríguez, sólo permanecerá un año como ministro de Instrucción Pública. El ministro que le sucede, José Ibáñez Martín, conocedor de la capacidad gestora de Artigas, le añade un nombramiento: desempeñará así la Dirección General de Archivos y Bibliotecas desde septiembre de 1939. En noviembre de 1939 era elegido vicepresidente de la asociación de escritores y artistas españoles que preside Mariano Benlliure. Y en marzo de 1940 será nombrado presidente de la Junta Bibliográfica y vocal del Consejo Superior de Investigaciones Científicas. Reincorporado a la dirección de la BN, continúa realizando mejoras tales como la creación en 1941 de una Sección Circulante y la aparición de catálogos especializados,

Esos meses aparece *La España de Menéndez Pelayo, antología de sus obras* (1938) y *La vida y la obra de Menéndez Pelayo* (1939). Artigas construyó sus obras biográficas en gran parte aportando frases y párrafos enteros de la obra de su maestro, de modo que en una lectura rápida no siempre es fácil distinguir cuando está hablando el maestro y cuando el discípulo. La compenetración entre las ideas de ambos es casi completa.

En 1943 con *«La obra de Menéndez Pelayo»*, resume el significado de la obra del polígrafo en un texto corto pero muy representativo de su visión del sabio, al que muestra como hombre que armonizaba tradición y progreso. A la vez le sitúa en una lista cronológica de grandes humanistas, tras los grandes polígrafos que ha dado España desde San Isidoro. Este artículo titulado «El valor simbólico de la obra de Menéndez Pelayo» es el elegido entre los textos de Artigas en el libro coordinado por Pérez Embid para conmemorar el centenario de don Marcelino[82]:

> ...es Menéndez Pelayo, a quien, con toda justicia, podemos llamar el último gran Polígrafo, el hombre representativo y providencial, no sólo del pasado siglo, sino también de nuestros días.

Y así es como hay que estudiar esta gran figura del Maestro. No aisladamente y dentro del siglo en que vivió, no sólo como sabio que aporta datos y esclarecimientos a nuestra historia literaria, a nuestro arte y nuestra filosofía, sino como genio representativo de la España auténtica, como investigador que ahonda y bucea el rico filón de nuestro carácter nacional [...] que nos ata a lo que fuimos y a lo que debemos ser, a la tradición y al progreso, que no son conceptos opuestos, sino que se unen y armonizan como se unieron maravillosamente en la mente de Menéndez Pelayo.

Pero entre tanto, en la cumbre de su labor gestora e investigadora, un gran golpe para su salud fue una hemiplejía que le sobrevino el 25 de febrero de 1939, justo al asistir a la misa de aniversario del fallecimiento de su hijo mayor en el frente, y de la que se recupera en buena parte, pero en la que recaerá años después. Así, en 1946, por su progresiva enfermedad hubo de ser nombrado director provisional de la Biblioteca Nacional el facultativo Nicolás Fernández Vitorio.

Poco antes, en noviembre de 1945, se firmaba el Decreto para restablecer oficialmente la Universidad Internacional como la UIMP, una de sus grandes ilusiones a la que ya no podrá asistir. El proceso se había retrasado, en parte por el enorme incendio de Santander, como comentaba con Gertrud Richert, que desde el Instituto Iberoamerikanisches de Berlín le escribe el 21 de febrero de 1941 lamentando el incendio pero anunciando los planes de la UIMP:

> Espero que Santander renacerá y que la obra meritoria de la Universidad de Verano se podrá continuar...

Será el 10 de noviembre de 1945, cuando se aprueba y días después se publica en el BOE el Decreto por el que se crea la Universidad Internacional Menéndez Pelayo en Santander, con sede en el edificio del antiguo Hospital de San Rafael, que acogía los cursos de Extranjeros (con clases también en el Seminario de Corbán, residencia de estudiantes desde 1948 y en otros edificios[83]). Pero la inauguración oficial, por el ministro Ibáñez, será en agosto de 1947[84], cuando Artigas acababa de fallecer. La sede volverá de nuevo desde 1949 al Palacio de la Magdalena, siendo rector un destacado miembro de la SMP, el santanderino Ciríaco Pérez-Bustamante.

Miguel Artigas, en 1942 había sido nombrado Director del Instituto «Nicolás Antonio», de Bibliografía y en 1944 Comendador de la Orden Civil de Alfonso X el Sabio. Tampoco olvidó nunca a su tierra aragonesa y en 1942, visitando Teruel, propicia la construcción de un Palacio de Archivos, Bibliotecas y Museos.

Un recuerdo muy posterior, a modo de reconocimiento hacia Artigas, lo tuvo Sainz Rodríguez, su amigo y mentor en las tareas menendezpelayistas, cuando al tomar posesión, con gran tardanza, de su sillón en la RAE (1979) no olvidó recordar que *«no habría llegado sin la coacción amistosa que hicieron sobre mí los ilustres académicos que firmaron mi presentación: González Amezúa, Miguel Artigas y Eugenio d'Ors»*.

Su enfermedad y temprano fallecimiento, con cincuenta y nueve años –en ello emuló a Menéndez Pelayo– le impidió finalizar algunos proyectos que hubieran engrosado aún más su ya prestigiosa carrera.

La noticia de su muerte es muy sentida en Santander que le llorará: Al día siguiente de su fallecimiento la SMP celebra Junta Extraordinaria en su honor y se propone realizar un emotivo homenaje de sus compañeros, que se celebrará ese mismo año con la insustituible participación de Gerardo Diego, Pick, Cossío y Sánchez Reyes:

Al inspirador y guía de nuestras empresas menendezpelayistas, a nuestro presidente de Honor, al primer director de nuestra Biblioteca, al hombre cabal, y al fiel amigo.

En el centenario de la inauguración, en 1923, de la BMP y del conjunto de edificios bibliotecarios levantados en el que fuera jardín de Menéndez Pelayo, es ocasión para recordar la honda huella de Artigas en Santander y en la cultura española.

TEXTOS REPRESENTATIVOS DE
SU OBRA Y DE SUS FASES VITALES

Góngora y el Gongorismo, en *Boletín de la Real Academia de Ciencias, Bellas Letras y Nobles Artes de Córdoba,* Año VI, n° 19, 1927, Córdoba, 1928.

La obra de Menéndez Pelayo, en *Revista Nacional de Educación,* n° 29, mayo, Madrid, 1943.

Discurso leído ante la Academia Española [Consideraciones sobre la pureza de la lengua en la historia literaria española], Madrid, Imp. Aguirre, 1935.

NOTAS

(1) Vázquez, Enrique, «Artigas ateneísta», *BBMP*, 1947.

(2) Artigas, M. «Bosch Gimpera», *LVC*, 17-I-1928, p. 1.

(3) Artigas, M., «Notas sobre las Bibliotecas alemanas. Primera parte», *Rev. Arch. Bibl. Y Mus.*, 1-IX-1913, p. 85 y pp. 225-235.

(4) Para más detalles biográficos puede consultarse los primeros capítulos en De la Hoz, Jerónimo, «Miguel Artigas: de la Biblioteca de Menéndez Pelayo a la dirección de la Biblioteca Nacional», Fundación Universitaria Española, Madrid, 2017.

(5) Artigas, M., «La Biblioteca Menéndez Pelayo. Conferencia leída por su bibliotecario, Miguel Artigas y Ferrando, el día 22 de enero del curso de 1915-1916, en el Ateneo de Santander...», Santander, Imp. Lit. y Enc. Vda. de F. Fons, 1916; (Nota crítica en *Revista de Filología Española*, 1916, pp. 197-198).

(6) Schevill, R., *Menéndez Pelayo y el estudio de la cultura española en los EEUU*, SMP, Santander, 1919; Bonilla, A., «La Conferencia de Mr. Schevill», BBMP, 1919, pp. 228-232.

(7) Cossío, J. M.ª, «Artigas entre nosotros», *BBMP*, XIII, 1947.

(8) *Homenaje a D. Tomás Antonio Sánchez en el II centenario de su nacimiento, organizado por la Sociedad de Menéndez y Pelayo con la cooperación de la Excma. diputación provincial*. Santander, Imp. Provincial, [1926] (pp. 5-8, discurso de Artigas); Artigas, M., «El centenario de un sabio montañés. Don Tomás Antonio Sánchez», *EDM*, 6-XI-1925, p. 1.

(9) García Villada, Z., *Razón y Fe*, n° 67, sept-dic. 1923.

(10) Arch. Casona Tudanca, ACT, Artigas a Cossío, 4-IX-1921.

(11) Aurelio Macedonio Espinosa, profesor de Stanford, miembro de la SMP con la que colabora en la posguerra. Vid. Espinosa, A. M., «La Casona de Tudanca», *Hispania*, IV, n° 1, 1921, pp. 4-8.

(12) Correspondencia Artigas, BMP (CA-BMP), 15-II-1928.

(13) CA-BMP, Marañón, s/f.

(14) Hellmuth Petriconi (5-IX-1926) diserta con *Historia de la decadencia de Occidente de Spengler*.

(15) Fidelino de Sousa Figueiredo, profesor en Madrid 1927-29. De temprana presencia en Santander, en 1919 preparaba su «Menéndez y Pelayo e os estudios portugueses».

(16) Elecciones en 7-X-1925 en 15-X-1926 y en 15-X-1928. Dimite en 24-X-1928.

(17) ARTIGAS M., «Menéndez y Pelayo», *Bull. Spanish Studies*, vol.5, n°18/1928, p. 88; «Hispanists past and present: Marcelino Menéndez y Pelayo», *BSS*, vol. 4, n° 16/1927, p. 186; o «El soneto *Wight and death*, de Blanco White», *BSS*, vol. 1, n° 4/1924, pp. 125-133.

(18) CA-BMP, Viñas, A., 15-XII-1922. Aurelio Viñas Navarro profesor en París y vicedirector del Instituto de Estudios Hispánicos; conferencia en los cursos de la SMP; luego en la U.I. y en la renacida UIMP de 1947.

(19) ECHEGARAY, C., «Memoria leída en la Junta General de la Sociedad», *BBMP*, 1924 pp. 273-279; Vid. Simón Cabarga, *Historia del Ateneo*, op. c., p. 72.

(20) J. Gob. SMP, 15-III-1926, p. 45, Libro de Actas.

(21) *La Región*, 2-VII-1925, carta de Artigas a Víctor de la Serna, iniciador de la campaña pro Facultad santanderina.

(22) «Summer School of spanish: Santander, 1926», *BSS*, n° 13/1927, vol. 4, pp. 47-48.

(23) *Cursos de Verano para Extranjeros en Santander (España). Desde el 1° de Agosto hasta el 15 de septiembre de 1926*, SMP, Santander, 1926, p. 3.

(24) PEERS, E. Allison, *LVC*, 28-VIII-1928.

(25) *La Voz de Cantabria*, 30-VIII-1927, p. 20.

(26) *El Faro*, 26-XI-1927: «Viñeta del día: Santander centro universitario».

(27) PEERS, E. A., Santander (ed. y própl. Anthony H. Clarke), Ed. Tantín, 2008, pp. 65-67; *LVC*, 28-VIII-1928.

(28) *BSS*, Vol. 21, N° 84/1944, Oct. Peers, durante la contienda civil alertará de la peligrosa deriva revolucionaria (*Our Debt to Spain*, Londres, 1938).

(29) ARTIGAS, M., *Aspectos del hispanismo en la Alemania actual: conferencia dada el día 11 de febrero de 1927*, Madrid: Blass, 1927.

(30) George Cirot, hispanista en Burdeos, visita Santander; reseña el *BBMP*, n° 1, 1919», en *Bulletin Hispanique*, 1921, Vol. 23, n° 2 pp. 159-161.

(31) Charles-Vicent Aubrun, dirige el Institut d'Études Hispaniques. Estudioso del teatro del Siglo de Oro. Participa en los Cursos de Verano y conferencia en el ateneo.

(32) Ernest Martinenche (1869-1950). Hispanista de la Universidad de París. Había tenido contacto epistolar con Menéndez Pelayo.

(33) Henry Louis Hughes. Autor de *Life of Fray Junipero Serra* (1934); CA-BMP, Hughes, H. Louis: 18-VII-1929 y 3-VIII-1929 (solicita apoyos para su tesis «Menéndez Pelayo» en la Universidad Católica de Milán).

(34) CA-BMP, BURKARD, A., 29-XII-1928 (*Fisonomía de la España moderna*, Lahr in Baden: Moritz, Schauenburg, 1929).

(35) CA-BMP, P. SALINAS, 4-II-1927.

(36) *La Revista de Santander*, T. I, 1930, p. 311.

(37) MORELLI, Gabriele, *Gerardo Diego y el III Centenario de Góngora (Correspondencia inédita)*, Valencia, Pre-Textos, 2001; Vid. Crespo, Mario, *El 27 y la Universidad Internacional de Santander (1932-2008)*. Bodega y Azotea, n° 1, Fund. G. Diego. Santander, 2009, pp. 33-38.

(38) D. Alonso a G. Diego, 2-VII-1926, en MORELLI, op. cit. p. 45.

(39) ARTIGAS, M., *Góngora. Resumen Biográfico. Bol. R. Acad. de Ciencias, Bellas Letras y Nobles Artes de Córdoba*, Año VI, n° 18, enero-junio 1927, pp. 5-17.

(40) ARTIGAS, M., «Góngora y el gongorismo», *Bol. R. Acad. de Ciencias, Bellas Letras y Nobles Artes de Córdoba*, n° 19, 1927, p. 339.

(41) *Nuevo Escorzo de Góngora*, Publ. UIMP, Santander, 1961.

(42) *ABC*, 16-III-1947, por Gerardo Diego.

(43) *La Gaceta Literaria*, 1-VI-1927, Artigas («El centenario de Góngora en Córdoba»); Vid. *LGL*, 1-III-1927.

(44) *La Libertad*, 1-VI-1927, Cristóbal de Castro, «A unos y otros: Gongorismo: Miguel Artigas».

(45) Op. cit. «Góngora y el Gongorismo», pp. 334-335.

(46) Ibíd., pp. 335-336.

(47) ARTIGAS, M., *Discurso leído ante la Academia Española*, Madrid, Imp. Aguirre, 1935, p. 25.

(48) Ibíd., pp. 351-353.

(49) *El Sol*, 9-VI-1925: «Pareceres» por R. de Maeztu.

(50) Gómez DE BAQUERO, *El Sol*, 7, 9 y 16-X-1927: «Góngora y su centenario».

(51) CA-BMP, Astrana Marín a Artigas, s/f.

(52) *Pick, La Voz de Cantabria*, 19-I-1929, 30-IV-1929; 8, 15 y 29-I-1928.

(53) ARTIGAS, M., *Semblanza de Góngora. Premio Nacional de literatura, 1927*, Madrid, Librería Fernando Fe,

1928 (dos ed.); *Vid. ABC*, 21-XII-1927; EDM, 20-XII-1927, p. 8; Artigas, M., *Don Luis de Góngora y Argote. Biografía y estudio crítico*, RAE, Madrid, 1925; (Vid. recensión de Diego, *RdO* n° 26, 1925, pp. 246-251; o *Rev. de Filología Española* XII, 1925, pp. 298-301); «Los amigos de Góngora. El Conde de Salinas», *BBMP*, 1925, 189-194; *El Sol*, 1-VI-1925 «Centenario de Góngora». «Revisión de la biografía de Góngora ante los nuevos documentos», *Rev. de Fil. Esp.*, XIV (1927), pp. 405-416.

(54) CA-BMP, P. Salinas, 4-II-1927.

(55) Artigas, M., «Vida intelectual de Menéndez y Pelayo», *BBMP* 1927, p. 289-305 (*Almanaque de los Amigos de Menéndez Pelayo para el curso escolar 1932-33*, Madrid: Agrupación de Amigos de Menéndez y Pelayo, 1932, p. 40).

(56) Artigas, M., «Hispanists past and present: Marcelino Menéndez Pelayo», *BSS*, V. 4, n° 16/1927: Oct. p.186.

(57) Artigas, M., *La vida y obra de Menéndez Pelayo*, Zaragoza, 1939, p. 111-115.

(58) Ibíd., pp. 167-168.

(59) «Crónica» BBMP, 1920, 1921. Se publica como *El concepto de patria y de región en la obra de Menéndez y Pelayo*, Madrid, 1930; Manuel Revuelta, «Pedro Sáinz Rodríguez y la Biblioteca de Menéndez Pelayo», en *Homenaje a Pedro Sáinz Rodríguez*, T. I, p. XIV-XXX, Madrid: Fund. Univ. Esp., 1986.

(60) Andrés del Rey Sayagués y Rosa Fernández Lera, «Correspondencia de Miguel Artigas en la Biblioteca de Menéndez Pelayo», *BBMP*, 1997, LXXIII, 283:318 (CA-BMP).

(61) Hubert Becher, critica el avance del «espíritu liberal e irreligioso» entendiendo que «la unidad natural entre cultura y religión que todavía existe en el pueblo español es la ventaja singular de España…» (CA-BMP, Becher, 7-I-1928). Otro miembro de la SMP, el profesor Aurelio Viñas, pensionado por JAE en Flandes re-

conoce en carta a su viejo amigo Artigas, como allí ante el pasado español *por orgullo se agudiza mi catolicismo*.

(62) Ramiro DE MAEZTU, *Defensa de la Hispanidad*, Madrid, Gráfica Universal, 1934, pp. 251-53.

(63) *ABC*, 6-III-1930: «Glosas. Cátedra Menéndez y Pelayo. Profecía sobre los huesos y sobre los libros» (reproducido en *Cantabria*, de Buenos Aires, Año VII, 1930, pp. 6-7).

(64) *Crónica* 13-VII-1930: entrevista al director de la B. Nacional. Vid. GARCÍA MORALES, Justo, «50 años de experiencia bibliotecaria», *Anabad*, 1983. Artigas, con Ors y G. Amezúa, serán posteriormente firmantes de la candidatura de Sainz a sillón de la RAE.

(65) En *La Época*, 19-V-1932, ARTIGAS: «Menéndez Pelayo y la cultura española».

(66) BNE-A 270/0103, 1-6-1932, ARAQUISTÁIN, Berlín, a Artigas. Conferencia en *BBMP*, T. XV, 1933.

(67) Félix GARCÍA, *España y América* 1/10 31-XII-1927, p. 178.

(68) *La Vanguardia*, 24-II-1929 y 16-XII-1927.

(69) *Cantabria* de B. Aires, n° 74, 31-X-1929.

(70) *La Revista de Santander*, T. I, 1930, p. 311.

(71) *El Imparcial*, 25-VI-1930, p. 3: «¡Las campanas del Parnaso suenan a gloria!»

(72) BNE, Correspondencia Artigas caja 268/059. Américo Castro de 18-III-1931.

(73) BNE-A-266/142, Ateneo de Santander, 7-X-1930; EDM, 3-XII-1931. Sendos bustos de Artigas, por Barral y de Reyes, por Villalobos, presiden hoy la sala de lectura de la BMP.

(74) *LVC*, 31-VII-1932, «Fernando de los Ríos o el peregrino ilusionado»; *EC*, 2-VIII-1932.

(75) BNE-A-Caja 271/046, 17-10-1932, E. Allison Peers a Artigas; BNE-A 273/62, 19-VI-1933, Liverpool, Luy L. Mac Clelland, a Artigas: «no sabe cuánto me alegro de que sean amigos de nuevo Vd. y el profe-

sor Peers [...] me dijo que Vd. le había facilitado mucho el trabajo... desde Londres, a principios de julio pasaré a Santander, y desde allí, a principios de agosto, a Madrid. [le pide contactar con Reyes]

(76) *BBMP*, Año XV, 1933, pp. 318-336 y 83-107.

(77) BNE-A-Caja 270/043, Miguel Asín, 18-III-1932, le presenta a Alejo Revilla Rico en relación al catálogo de los manuscritos griegos; Julián Zarco-Bacas y Cuevas (1887-1936, asesinado en Paracuellos), bibliotecario de El Escorial conferencia en el Colegio Cántabro en los cursos de verano en 1934. Vid. Artigas, M., «Nota crítica sobre *Catálogo de los manuscritos castellanos de la Real Biblioteca de El Escorial*, de Julián Zarco Cueyas», BBMP (1926), pp. 348-350.

(78) BNE-A-Caja 273/100, 7-VII-1933, J. G. Domenech (Vicecónsul de Argentina en Santander).

(79) Reflexiones sobre el uso de las palabras nuevas en la lengua castellana, leídas a la Academia de Letras Humanas, de Sevilla, en 24 de junio de 1798, por D. Félix Joseph Reynoso, su secretario». Edición y prólogo de este manuscrito por M. Artigas (*Cruz y Raya*, diciembre de 1934).

(80) *El Heraldo*, 16-IX-1932, p. 14. Américo Castro, Miguel Aguayo, Amos Salvador, Miguel Arteta, José Martínez Ruiz y Miguel Artigas nuevos vocales del Consejo Nacional de Cultura.

(81) Discurso de D. Miguel Artigas en la Biblioteca de Menéndez Pelayo, el día 19 de mayo de 1938, *BBMP*, XVIII-XX (1936-1938), pp. 34-38; Congreso celebrado en Santander durante los días 1 al 25 de agosto de 1938. Madrid-Barcelona (Tall. Graf. Soc. Gen. de Public., pp. 311-321).

(82) *Revista Nacional de Educación*, n° 29, mayo, Madrid, 1943 (publicado como «El valor simbólico de la obra de Menéndez Pelayo» en *Estudios sobre Menéndez Pelayo*, Pérez Embid F. y otros, Editora Nacional, 1956, Madrid).

(83) *BOE*, 21-X-1945: Dependiente del CSIC y con tres secciones colaborando la Casa de Salud Valdecilla y el Instituto Oceanográfico, además de los cursos de Extranjeros y reuniones de Pedagogía.

(84) *ABC*, 2-VIII-1947, el ministro Ibáñez Martín inaugura los Cursos de la UIMP.

Entre Góngora y Menéndez Pelayo

MIGUEL ARTIGAS FERRANDO

GÓNGORA Y EL GONGORISMO

Conferencia pronunciada por don Miguel Artigas, Director de la Biblioteca Menéndez y Pelayo, de Santander, e ilustre gongorista, en el ciclo del III Centenario de Góngora celebrado en Córdoba, el día 21 de mayo de 1927[1]

Los historiadores de la Literatura han observado y anotado el hecho de que, en toda Europa o por lo menos en todas las naciones en las que el arte del renacimiento dominó en la fantasía y sensibilidad de los poetas, la literatura en un momento dado, que no coincide en el tiempo pero sí en el desarrollo del contenido y de la forma del arte literario, adquiere una gran complejidad, una intrincada modalidad obscura y retorcida.

En algunos pueblos esta modalidad gira en torno a un gran poeta o por lo menos en torno a un poeta de gran nombradía que viene a cargar con la responsabilidad: en otras partes la responsabilidad está más diluida en una escuela, en los escritores de todo un período. En alguno de estos pueblos este fenómeno dura poco tiempo y a él se limitan y en él se encierran los efectos artísticos que produce; en otros la influencia perdura y deja profundas huellas en la literatura del país.

El arte de Marino, Líll, Góngora, Ronsard, los preciosistas y Hofmannswaldau, presenta una serie de fenómenos que tienen de común acuerdo indudablemente el origen, la influencia del renacimiento y las características de complejidad y refinamiento de las formas literarias; pero en cada nación su desarrollo es peculiar e independiente, distintas las causa determinantes que lo condicionan, diferente la floración y muy diversos los frutos que produce.

Sabido es que en España este fenómeno literario que empezó llamándose cultismo, hoy se conoce por el nombre de un poeta. Y existe sin duda una razón para que así sea. La importancia del cultismo, su difusión y la enorme influencia de este estilo o manera de escribir se debe principalmente a Góngora.

Parece, pues, indispensable estudiar al poeta si queremos ahondar y conocer con alguna precisión científica la manera de ser de la escuela. El estudio del poeta será el punto central, la posición más segura para juzgarlo al mismo tiempo con el rigor científico que puede aplicarse a los problemas estéticos de suyo movedizos y que difícilmente se someten a la precisión y rigidez y exactitud de la ciencia.

Puede afirmarse que el nombre de Góngora ha llegado a ser, por una serie de circunstancias, el más conocido y popular de los escritores españoles. Seguramente, mientras vivió, gozó Lope de Vega de una mayor popularidad; sin embargo, sólo los eruditos saben que, para encarecer la excelencia de alguna cosa, se decía en el siglo XVII en Castilla: *esto es de Lope.* Hoy en cambio cualquier español por poca que sea su cultura, cuando lee en los periódicos las palabras *gongorino, gongorismo* o *gongorizar,* sabe lo que tales palabras significan; y si no lo sabe, puede verlas definidas y explicadas en el Diccionario de la Real Academia Española, juez inapelable para esta clase de lectores, en materias de lenguaje. Claro es, que el lector de periódicos no piensa en el genial poeta cuando lee o pronuncia aquellas palabras que han perdido al entrar en el caudal del idioma algo de su primitivo y personal valor.

Si el lector posee un grado de cultura mayor ya sabe o adivina que estas palabras se derivan de Góngora que era, dirá él, un escritor que escribía de un modo obscuro y enrevesado.

Entre los que han profundizado algo más en la Historia de la Literatura escritores y catedráticos, la idea vulgar de Góngora es doble; conocen y admiran al Góngora de los Romances y de las Letrillas, pero pocos han pasado de las primeras estrofas del *Polifemo* y de las *Soledades*. Les atemoriza el *cave canem* que escribieron en el pórtico los enemigos de Góngora y durante dos siglos enteros, salvo contadas excepciones, todos los historiadores y críticos han repetido mecánicamente, sin molestarse en estudiar estos poemas, el juicio estereotipado de su obscuridad impenetrable.

Desde hace pocos años va cambiando la posición de la crítica con relación a Góngora. Los poetas parnasianos y simbolistas franceses que llegaron a tener algún conocimiento del poeta español, citaron tal vez con elogio su nombre y algunos de sus versos. Entre estos poetas aprendió Rubén Darío, el gran poeta hispano-americano, a conocer y admirar a Góngora, a quien alaba con entusiasmo y a quien imita. En Rubén y por Rubén comenzó la adoración de los poetas modernos españoles por el viejo y denigrado Góngora.

Rubén no hizo más que ser el eco y el propagandista entre los poetas de lengua española de las nuevas tendencias y direcciones del arte contemporáneo; porque en toda la Europa Occidental, a fines del siglo xix y en los comienzos del siglo xx, comenzó a notarse una inquietud grande en el arte, un anhelo de originalidad, de distinción y de refinamiento que ha llegado a veces hasta lo absurdo.

En España como en otras partes los poetas se adelantan a los críticos en la admiración y entusiasmo por algunos escritores preteridos; pero si la intuición del artista es siempre segura, sus apreciaciones y juicios suelen ser vagos e hiperbólicos producto del Παθος, más que de la ζιξη.

En el caso de Góngora las dificultades para el estudio de su arte eran y siguen siendo muchas. Como la obra del poeta no interesaba, nadie se había cuidado de estudiar la vida, el ambiente, las influencias, ni la bibliografía del autor. Se le veía solo y aislado con su *Polifemo y Soledades* como algo monstruoso en la literatura, sin antecedentes y sin causas concretas que determinaran su aparición, y así sólo había palabras y discursos enfáticos para lamentar las perturbaciones que con sus dos poemas había producido en las letras españolas.

Inducidos después por las alabanzas de los poetas, los eruditos fueron publicando documentos interesantes de su vida, se analizaron con gran cuidado las diferentes ediciones de sus obras, se comenzó a estudiar con rigor los manuscritos... Hoy, si todavía falta mucho por hacer, podemos decir que ya se conocen los sucesos más importantes de su vida; ya podemos reconstruir aproximadamente el ambiente en que se fraguaron los discutidos poemas.

Ya no es Góngora el peñón abrupto en medio de la planicie ecuánime; en torno al peñón, detrás y delante, se han descubierto rocas gemelas y con un examen minucioso se ha llegado a sospechar que la planicie fina está formada por erosiones menudas de aquellas abruptas y chocantes eminencias.

Nace Góngora en la ciudad de Córdoba, la famosa y floreciente colonia romana patria de Séneca y Lucano. La Córdoba Romana fué después capital magnífica de un cultísimo reino árabe-hispano, y al final de la Edad Media, en los albores del Renacimiento, nace allí el gran reformador del estilo poético y de la lengua castellana, el poeta autor del *Laberinto,* Juan de Mena.

Había que decir esto, no podía dejarse de decirlo, al hablar de Córdoba y de un poeta cordobés; pero no conviene insistir demasiado en el tema del clima y de la tierra. No se trata de probar que las *Soledades,* como los olivos, sean un producto natural de las orillas del Guadalquivir.

Abrió Góngora sus ojos a la luz en los primeros años de la segunda mitad del siglo XVI (1561). Eran sus antepasados de la más rancia nobleza de la ciudad. De la familia de su padre, de los Argotes existe la tradición de que ya en el siglo XII había contado con un trovador, y un antepasado próximo de los Góngoras fué secretario y hombre de confianza del Arzobispo Manrique, el gran amigo y protector de Erasmo, hermano además de aquel gran lírico castellano que se llamaba Jorge Manrique.

El padre de Góngora era un erudito de la jurisprudencia y de la historia, amigo de hombres tan eminentes como Ginés de Sepúlveda, el Tito Livío español, y del historiador Ambrosio de Morales que lo nombran con calurosas alabanzas. Poseía además en Córdoba una rica Biblioteca, según testimonio de los bibliófilos contemporáneos suyos.

Se nos ha conservado una frase de Ambrosio de Morales que como un relámpago ilumina la obscuridad de los primeros años de Góngora. Maravillado el famoso escritor de las agudezas del pequeño Góngora, solía decirle: «¡qué gran ingenio tienes, muchacho!».

Debió aprender las Humanidades con los Padres Jesuitas, que tenían en Córdoba un Colegio muy alabado por los escritores de la época y al cual es posible que asistiera, como estudiante, algunos años antes que Gongora, Miguel de Cervantes Saavedra.

La enseñanza de los Jesuitas, como en general toda la enseñanza de las Humanidades, lo mismo en España que fuera, era entonces esencialmente literaria y consistía en la traducción e interpretación de los escritores griegos y latinos. Los Jesuitas daban gran importancia a los actos públicos literarios, representaciones de comedias latinas y castellanas, discursos, disputas, poesías y otros ejercicios semejantes.

A los quince años marchó Góngora a estudiar Cánones a Salamanca, y estuvo en la renombrada Universidad cuatro años. Parece, sin embargo, que no se preocupó gran cosa de estudiar el *Decreto,* ni el *Código,* ni las *Clementinas,* ni la *Instituta,* que eran las materias que explicaban los maestros de Cánones; hizo una vida alegre, gastó muchos ducados y salió de la Universidad con fama de poeta.

En Salamanca compuso la primera poesía, que podemos fechar con toda seguridad y que fué publicada en los preliminares de la traducción de las *Lusiadas* de Luís de Camoens, que el año 1588 dió a las prensas Luís Gómez de Tapia. En estos preliminares figura también una carta del Brocense, filólogo español que ha dejado una profunda huella en la historia de la lingüística con su *Miner-*

va y con la teoría de la elipsis. Se puede dar por seguro que Góngora conoció y trató en Salamanca al Brocense, que en aquellos años se ocupaba en comentar y anotar a Garcilaso y a Juan de Mena, con el cuidado y diligencia que ponía en sus Comentarlos a los Clásicos latinos.

El Brocense no creía que pudiera haber un gran poeta que no imitase y siguiese las huellas de los clásicos griegos y latinos, y creía esto como buen renacentista que era. Después de sus años de Universidad, Góngora se acogió para vivir a una Capellanía familiar en la Catedral de Córdoba, y para disfrutarla recibió las primeras órdenes sagradas; sin embargo, sólo en las fronteras de la vejez y para conseguir una Capellanía Real, se hizo sacerdote.

Góngora, en su ciudad de Córdoba, hace vida de gran señor, escribe solo por placer y como deporte, interviene como primera figura en los asuntos eclesiásticos y encuentra siempre modo y manera de asistir lo menos posible a su iglesia, con viajes y comisiones.

Recorrió casi todo el Reino de Castilla, el Norte de España y Andalucía. Pasó largas temporadas en la Corte y tuvo amistad y correspondencia con nobles poetas y con poetas nobles.

Después que se divulgaron en Madrid las *Soledades* que eran solicitadas con afán en copias manuscritas, se suscitaron ruidosas polémicas en torno a este poeta casi inédito. Por su cuenta no había publicado ni un solo verso. Algunos colectores de antologías habían impreso muchos de sus Romances, Canciones y Sonetos, y para autorizar los libros de algunos amigos había escrito unas pocas composiciones.

Indudablemente en los siglos xvi y xvii existía en España una curiosidad extraordinaria por las buenas letras; de otro modo no se concibe la fama enorme de este poeta, que vivió hacia los últimos años de su vida retirado en una provincia y sin publicar sus versos; porque cuando fijó definitivamente su residencia en Madrid ya había pasado el momento de su mayor popularidad, el de las disputas y controversias en torno a sus dos grandes poemas inéditos: *El Polifemo* y las *Soledades*.

Ni volvió a escribir ya en el último período de su vida cortesana más que poesías de circunstancias. En el mismo año de su muerte se publicó la primera edición de sus versos (1627) y en años sucesivos se volvieron a editar varias veces.

De un estudio circunstanciado y analítico de su vida, podríamos deducir las siguientes observaciones, dignas de tenerse en cuenta para estudiar al poeta. Nace y se cría en un hogar, si no rico, bien acomodado, en el cual puede recibir enseñanza y ejemplos de los padres, de los amigos y de los antepasados que han venido perpetuando en su casa una tradición literaria renacentista. Su ingenio nativo se desarrolla bajo la solicitud de maestros y amigos excelentes.

Una juventud estudiantil algo borrascosa le aparta de los estudios graves y, sin ocupación seria, sus extraordinarias facultades buscan y encuentran en la poesía ejercicio y complacencia. Cautiva a las gentes con sus agudezas y mordacidades, más que con su carácter, orgulloso, esquivo y satírico. Indudablemente se le temía más que se le amaba. Ni parece que el amor fué nunca dueño de sus sentimientos, pues no se le conoce ninguna de esas pasiones violentas que llenan la vida de algunos artistas. Su imaginación y su ingenio son en él más fuertes que su corazón. Vive a lo grande, con coche y criados, atento siempre al decoro de su persona y de su linaje, frecuentando el trato y la amistad de la más alta nobleza, sin rebajarse a servirla y sin conseguir por otra parte grandes ventajas económicas, ni de dignidad.

A consecuencia de un trastorno circulatorio, tal vez por una embolia, pierde la memoria en los últimos meses de su vida y muere a los sesenta y seis años en su ciudad de Córdoba, en la cual siempre tuvo un círculo de amigos, admiradores y discípulos que formaban su tertulia, que aplaudían sus versos, que los imitaban y esparcían, que recogían con veneración fragmentos de poemas y frases agudas de su poeta y que salían a su defensa con largos y doctos escritos y comentaban y glosaban palabra por palabra sus poemas.

Esto por lo que se refiere al poeta. Veamos ahora las condiciones en que fué desarrollándose su arte, los acicates, estímulos y doctrinas que formaban la atmósfera intelectual y artística que respiraba.

Por los años en que Góngora comienza su vida literaria, la influencia de Italia que empezó en la poesía de un modo intenso con Boscán y Garcilaso, estaba en camino de alcanzar su triunfo completo. Garcilaso era el poeta clásico por excelencia y a comentarlo y explicarlo habían dedicado sus esfuerzos y sabiduría un gran filólogo, Francisco de las Brozas (1574) y un gran poeta, Fernando de Herrera (1580).

Fernando de Herrera hizo algo más que un comentario y anotación filológica y erudita. En sus notas a Garcilaso apunta los principios estéticos de una nueva manera de poesía, la poesía de la nobleza y alto son de las palabras, de los nuevos modos de hermosura, *la idolatría de la forma,* como dice Menéndez y Pelayo.

Por lo demás, en el mismo Herrera y en los otros poetas españoles, el modelo absorbente fué Petrarca y de petrarquismo está contagiada casi sin excepción toda la poesía amorosa de esta época. A su lado florece, con pujanza, la poesía tradicional y castiza de los romances y letrillas que saborean con fruición las clases menos cultas y la generación más vieja. Góngora cultiva y sobresale desde luego en los dos géneros; pero escribe poco y con la mirada puesta en un círculo reducido de amigos. Todas sus composiciones, y acaso más las tradicionales, se distinguen por la perfección y primor de la forma, por un dominio soberano del lenguaje y de la técnica. Creo que no se ha notado como se debiera, que en la poesía tradicional precisamente, en los alabados romances y letrillas, es donde el arte de Góngora, *el artificio,* consigue mayores triunfos. Las metáforas nuevas y felices, por asociaciones de ideas sorprendentes, los juegos de palabras y una concisión evocadora, revelan al maestro de la técnica que sabe poner de relieve todo el contenido ideal y toda la expresividad del lenguaje.

Díganlo, aquel romance que empieza:

Servía en Orán al Rey
Un español con dos lanzas
Y con el alma y la vida
A una gallarda africana.
Espuelas de honor le pican
Y frenos de amor le paran:
No salir es cobardía
Ingratitud es dexalla.

Del cuello pendiente ella
Viéndole tomar la espada
Con lágrimas y suspiros
Le dice aquestas palabras:
«Salid al campo Señor
Bañen mis ojos la cama;
Que ella me será también
Sin vos, campo de batalla.

....

....

Bien podeis salir desnudo
Pues mi llanto no os ablanda;
Que teneis - de acero el pecho
Y no habeis menester armas.

O aquel otro:

En un pastoral albergue
Que la guerra entre unos robres
Le dejó por escondido
O lo perdonó por pobre,
Do la paz viste pellico.

....

....

Límpiale el rostro y la mano
Siente al amor que se esconde
Tras las rosas, que la muerte
Va violando sus colores.
Escondiose tras las rosas,
Porque labren sus harpones
El diamante del Catay
Con aquella sangre noble.

....

....

Todo es gala el africano
Su vestido espira olores
El lunado arco suspende
Y el corvo alfange depone.

Se explica el esmero y cuidado que pone en las formas populares, porque en este género el peso de la tradición era enorme y difícil el sobresalir en formas tan cultivadas.

No hay que decir por esto que sus sonetos y canciones de estos primeros años sean despreciables ni muchos menos; sin embargo se les ve demasiado cerca y muy concreto casi siempre el modelo. Luego va refinando su estilo, encuentra nuevos giros, su imaginación poderosa sabe crear y desarrollar atrevidas metáforas, escribe sonetos que no son más que una metáfora brillante, y con su sensibilidad exquisita para la visión del color su sentido de lo ornamental y su fino oído músico, consigue pronto sobresalir entre los innumerables vates sus contemporáneos. He escrito la palabra innumerables y no debo borrarla. Basta pasar la vista por algunas composiciones laudatorias de poetas como *El Canto de Caliope y El Viaje del Parnaso* de Cervantes, el *Laurel de Apolo* de Lope de Vega, la *Casa de la Memoria* de Vicente Espinel, el *Canto del Turia* de Gil Polo, la *Restauración de España* de Cristóbal de Mesa, el *Elogio de la Poesía* del Conde de la Roca, por citar solo las más conocidas para formarse idea del número extraordinario de escritores en verso (no siempre poetas) que florecían en España en la época de Góngora.

Si además hojeamos las numerosas relaciones de fiestas literarias y de certámenes impresos y manuscritos que por este tiempo se celebraron, bien para solemnizar acontecimientos religiosos, sucesos de la Corte o simples ocurrencias locales, tendremos que aumentar considerablemente la lista. Era esto debido principalmente a la formación literaria y humanística que recibía la juventud.

Antes de que los Jesuitas estableciesen sus Colegios y aun después de haberlos establecido, toda villa o pueblo de alguna importancia, costeaba un estudio de Gramática, es decir de humanidades y una verdadera legión de hombres estudiosos marchaban desde las Universidades de Salamanca y Alcalá a abrir en esos estudios sus *tiendas de Gramática,* como diría Nebrija, por toda la Península.

Está por hacer un estudio bio-bibliográfico que sería muy interesante de todos estos obscuros preceptores que sembraron a manos llenas la cultura clásica, héroes y soldados desconocidos del Renacimiento español.

De estos estudios de Gramática salían los poetas. Todos ellos, al rimar, tenían puestos los ojos en su Virgilio en su Ovidio y en su Horado. Muchos de ellos lo eran bilingües, latinos y castellanos, y es de notar que los que solo sabían componer en romance eran tenidos en poco por los que además sabían componer impecables exámetros. Esta dualidad de lenguas originaba en los poetas una honda preocupación. Comparando la riqueza, ductilidad y elegancia de la lengua literaria de Roma, con el pobre romance, el escritor o se decidía a emplear solamente la lengua del Lacio para expresar sus sentimientos y pensamientos, por considerar la lengua cuotidiana como instrumento inadecuado para estos fines, o ponía todo su empeño en elevar la dignidad de su lengua materna para igualarla en lo posible a la lengua de Virgilio.

Este intento y esta pretensión eran ya antiguos en la literatura española. En los albores del Renacimiento, el Marqués de Villena y el autor del

Laberinto se proponen decididamente latinizar el vocabulario y la sintaxis castellana; y el anónimo autor de cierto vocabulario del siglo xv habla con indignación un poco cómica de la *groseza y rusticidad de los aldeanos... pestilencia del fermoso fablar.*

Claro es que esta tendencia no es un puro capricho de los eruditos y se observa además en todas las lenguas romances, que forcejean por su independencia con el paso seguro y tenaz de los fenómenos biológicos.

Viene entonces la curiosa disputa sobre la superioridad de una u otra lengua romana, y es claro que aquélla ha de llevar la palma de la victoria que más se aproxime a la lengua latina.

Es muy larga la lista de escritores españoles que se entretienen en demostrar prácticamente el estrecho parentesco del castellano con el latín, componiendo poesías o discursos que pueden ser a la vez latinos y castellanos, y es sobre todo interesante a este respecto la disputa pública habida en presencia del Papa Alejandro VI, entre Garcilaso de la Vega, padre del poeta, y los embajadores de Portugal, Francia e Italia acerca de esta cuestión, pronunciando Garcilaso una oración latino-castellana que se nos ha conservado.

Estos juegos tienen el sentido y la significación de que en la conciencia de los españoles cultos estaba la idea de que hablaban un latín imperfecto y al mismo tiempo del entusiasmo que tenían para perfeccionar su lengua conforme al modelo latino.

Estas dos preocupaciones unidas, y el ejemplo de Italia que se había adelantado en la formación de un lenguaje poético son generales en los escritores. Cervantes para no citar más que uno, y que no puede ser sospechoso, en el prólogo de la *Galatea* nos habla de los *ánimos estrechos que en la brevedad del lenguaje antiguo quieren que se acabe la abundancia de la lengua castellana.*

En los comienzos del siglo XVII se publican las *Flores de poetas ilustres,* recogidas por Pedro de Espinosa, preciosa antología que nos revela la profunda transformación del gusto que se ha producido en los cultivadores de las letras castellanas.

Algunas palabras de su introducción dicen ellas solas más de lo que yo podía decir en una larga serie de consideraciones.

«No quise escribir más volumen, *porque este sea la muestra del paño:* esto es entrar un pie en el agua, para ver si está quemando: si os contenta, le daremos al libro un padre compañero, y si no, me escusareis de trabajo tan grande, como es, escalar el mundo con cartas, y después de pagar el porte, hallar en la respuesta la glossa de *Vide a Juana estar lavando,* o algunas redondillas de las turquesas de Castillejo, o Montemayor (venerable reliquia de los soldados del tercio viejo), o guando más algún soneto cargado de espaldas, y corto de vista, que no vee palmo de tierra, que estos ya gozaron su tiempo: más aora los gentiles espíritus del nuestro (como parecerá en este libro) nos han sacado de las tinieblas desta acreditada ínorancia, y yo, por no exceder los rigurosos preceptos de los Prólogos, cubriré su alabanca con el velo del silencio. De passo advertid que las Odas de Horacio son tan felices, que se aventajan a si mismas en su lengua Latina. *Vale*».

Es de notar que desde el título, Traducción del *Illustrium poutarem flores* de Octaviano Mirandula, casi todo este pretencioso florilegio es imitación latina o italiana. Es la victoria decisiva de Garcilaso y de Herrera, y digamos de paso, que en esta exposición de arte nuevo, es Góngora el poeta que presenta más y mejores obras.

También es de advertir que en este movimiento toman parte los nobles. Antes los Príncipes letrados eran una excepción, excepciones ilustres como don Juan Manuel, el Canciller de Ayala y el Marqués de Santillana; pero desde el reinado de Isabel la Católica se aplica la nobleza con ardor a los estudios. Ya lo dijo con frase feliz el Protonotario Juan de Lucena: «Lo que los Reyes hacen bueno o malo todos imitamos, si bueno por aplacer a nos, si malo por aplacer a ellos. Jugaba el Rey (Enrique IV) y todos éramos tahures, estudia la Reina (Isabel) y todos somos agora estudiantes». De este mismo escritor son estas palabras «el que latín non sabe asno se debe llamar de dos píes».

Siguió esta educación humanística de la nobleza durante todo el siglo xvi, y así vemos que en los comienzos del xvii, don Pedro Mudarra y Avellaneda en una carta a su discípulo el Conde de San Esteban le incita a aprender la lengua latina con el ejemplo de personas ilustres por la sangre:

«¿Qué diré de los grandes y señores que oy viven? (no hablo de los eclesiásticos cuya profesión es emplearse en estos y otros más delgados estudios). Tenga el primer lugar el Marqués mi Señor, que en su niñez aprendió esta lengua excelentemente, siendo su maestro Simón Fernández, hombre señaladísimo en ella. El Marqués de Moya, tío de V. Exa. no sólo se aplicó a ella pero a mayores facultades. También el señor don Fernando Pacheco, el Condestable de Castilla, los Duques del Infantado y de Feria, los Condes de Lemos y de Salinas, los señores don Cristóbal de Mora, don Juan de Idiáquez, el Marqués de Montes Claros Virrey del Perú, en la noticia della pueden competir con los antiguos Lulios y Quintilianos. Yo he visto algunas oraciones de Ciceron traducidas en castellano por el Marqués de Montes Claros, con arte, pureza y elegancia. Sé también que comenzó a traducir, no sé sí acabó, una larga epístola del obispo Jerónimo Osorio llena de elocuencia y de piedad para Isabel, reyna de Inglaterra, y sé también que don Martín de Alagón, hijo del Conde Sástago, gentil hombre de la Cámara del Rey nuestro señor, siendo de más de veinticinco años aprendió esta lengua con loable tesón y diligencia y no es posible, señor, si no que lo que tantos Príncipes y Caballeros con tantas veras han pretendido y estimado tenga mucho de bueno... Advierta V. Exa. que entre los latinos el puro Romancista es bárbaro y que los latinos son sin número, que la lengua materna se sabe mal sin la latina, y que este es un *príncipe* defecto intolerable...».

Y si pasamos unos años más adelante, siempre dentro de la vida de Góngora, hallaremos otro testimonio clarísimo del interés que sentía la nobleza por el arte literario. Del Conde la Roca, autor del Panegírico por la poesía, son estos párrafos:

«Felipe II hizo, según personas graves, buenos versos devotos... y Felipe IV hace tan hidalgos versos, como se puede esperar de un exemplo en que la naturaleza anticipó la esperiencia a la edad... a la censura del Duque de Alcalá qué versos latinos, toscanos y españoles no pueden rendirse o quáles, españoles o latinos, execeden a los que suyos he visto?... el Marqués de Tarifa su hijo, que de diez años traducía a Marcial; hoy los hace dinos de mayor edad que treze años... Los versos del Marqués de Alenquer pueden ser freno a Italia e invidia los del Príncipe de Esquilache, los del Duque de Veragua enseñan y los del Duque de

Ijar acobardan. El condestable no fué poeta, sino
el mismo Apolo. El Duque de Osuna, César de
Andalucía, tuvo tan valiente pluma como espada.
El Conde Lemos fué milagroso.

Los versos del Duque de Lerma, no son a ningunos
inferiores. El Conde Cantillana es de los que mejor
imitan a Garcilaso. El Marqués de Velada escribe tan
bién versos como prosa. Los del Duque de Medina
Sidonia, son dulces, afectuosos y de gentil espiritu.
El Conde Niebla escribe versos de muy buena disciplina. El Duque de Sesa es hijo de las musas, como
llamó San Agustín al Poeta de Venusia. El Marqués
de Alcalices es de gallardo espíritu y donayre en las
sátiras... El Condestable de Navarra hace tan valien-
tes versos como el Duque de Alva su padre, Virrey
de Nápoles. El Marqués de Pobar y el Conde Palma,
ni aun en este Arte dejan de deber a la naturaleza.

El Marqués del Carpio y don Luís de Guzmán y Ha-
ro son el Séneca y Lucano de Córdoba. El Marqués
de Guadalcácar escribe corteses versos; y nadie es
más digno de ser imitado que el Duque de Feria,
pues a no temer la recusación, diría, que en afecto
y dulçura, ventajosamente excede a muchos. El Marqués de Montes Claros, es emulación de Tasso. El
Conde Peñaranda heredó el talento de su padre, por
cuyo mayorazgo cada hermano es el mayor, y en
particular don Gaspar de Bracamonte.

El Marqués de Malpica escribe bién; el de Almu-
fiar puede por poeta ser famoso; el Marqués de
Cerralbo, Virrey de Méjico, hace versos extrema-
dos; el Conde Coruña es culto y blando; y el de
Buñol de gallarda profundidad. El Duque de Te-
rranova escribe discreto e ingenioso. Al Marqués
de Ayamonte nadie le aventaja en la castidad y
afecto de sus versos; y a los de Don Fadríque
de Toledo, le igualan pocos en afecto y dulzura.
El Duque de Fernandina ha escrito siempre con
igualdad al más crítico. El Conde Monterrey es

galantísimo poeta y el Marqués de Castelrodrígo, eminente; ci Duque de Medina de las Torres, hace versos de excelente ingenio, y del Conde Duque he visto y tengo milagrosos versos latinos y caste-llanos, milagrosísimos».

Las nuevas tendencias de la Poesía vienen así a girar en torno a un círculo aristocrático que, en una ociosidad protectora, funda academias y tertulias literarias, a las cuales asiste a veces el mismo Mo-narca. Consecuencia natural de todo esto es el refi-namiento del arte literario y el prurito de los poetas por evitar toda vulgaridad y en estas tendencias y opiniones comulgaban todos, sí se exceptúa a los autores dramáticos en sus obras de teatro, que, como habían de ser representadas ante un público numeroso y vulgar, era preciso ponerse a tono con ello y pues el vulgo es necio.

El período de mayor y más intensa unanimidad de este refinamiento se extiende desde la publi-cación de las *Flores* (1605), hasta que aparecen el *Polifemo y las Soledades* (1612). En estos años Góngora, con un corto número de sonetos depura y eleva su arte de un modo extraordinario, tocan-do a veces los linderos de las más complicadas y obscuras expresiones. También por entonces parece el teórico y definidor don Luís Carrillo y Sotomayor con su *Libro de la elocución poética,* que se imprimió en el año de 1611. En el siguien-te dió a conocer Góngora entre sus amigos sus dos Poemas, que marcan un alto en esta dirección general de la Poesía lírica española. Con ellos y por ellos desaparece la unanimidad: se detienen muchos ante la amenaza de una nueva confusión de las lenguas.

El *Polifemo* sigue una moda literaria muy generalizada que consistía en tomar un argumento de la poesía clásica griega o latina y desarrollarlo en castellano sin modificaciones esenciales en cuanto al fondo; pero forzando la fantasía y la elocución en la forma y en los episodios. En este poema multiplica de propósito los giros latinos, poda y esquematiza la sintaxis con la supresión de artículos y de partículas, aquellas partículas que tanto preocupaban a su venerable amigo Ambrosio de Morales, que las consideraba como uno de los vicios y fealdades del lenguaje vulgar. Usa y abusa de los ablativos absolutos, multiplica las trasposiciones, las figuras y tropos.

Todos estos prejuicios no matan sin embargo su poderosa y fértil inspiración, que brota aquí y allá en explosión magnífica. El *Polifemo* en las críticas y en las alabanzas va siempre unido a *Las Soledades;* pero es seguro que sin este último poema, aquél hubiera pasado sin estrépito. Las *Soledades* son el verdadero alarde poético de Góngora, el punto culminante de su poesía en esta dirección renacentista e italianizante que comenzó con el dulce Garcilaso. Significa además, a mi entender, un esfuerzo poderoso por sobrepasarla y el intento de una originalidad imposible.

En otra parte he estudiado con alguna prolijidad la historia externa, el suceso anecdótico de la aparición de las *Soledades*.

Góngora escribió la primera Soledad en una temporada de descanso. Sus amigos, los poetas y eruditos de Córdoba, seguían paso a paso el nacimiento del poema y quién sabe si de alguna manera colaboraron en él. Se hicieron varias copias y dos de ellas por lo menos fueron enviadas a Madrid. Correteaba entonces en la Corte un personaje pintoresco, llamado Andrés de Mendoza, escritor prolífico de gacetas y relaciones de sucesos contemporáneos, con sus ribetes de parásito entrometido y de ostentoso y pedante declamador. Hombre sencillo *y* sin malicia, preocupado ante todo y sobre todo como un repórter de ahora de la novedad, se sugestionaba fácilmente y tomaba con ardor el partido de sus amigos que sólo por serlo tenían en él un propagador irreemplazable en las *Gradas de San Felipe* y en la *Puerta de Guadalajara,* los dos mentideros más famosos de la Corte. A este personaje mandó Góngora una copia de sus *Soledades*.

Otra se la dirigió a Pedro de Valencia, su amigo, el hombre más eminente en la erudición y en las letras divinas y humanas. Había sido discípulo y amigo fiel de Arias Montano, era Cronista de Su Majestad, filósofo de un sano e independiente criterio, no sólo en los sucesos históricos y en las ideas filosóficas, sino también prudentísimo consultor y consejero autorizado del Rey y sus ministros. Baste decir que a sus reflexiones y razonados discursos se debió el que cesasen, o por lo menos se aminorasen notablemente en España en los comienzos del siglo xvii, los autos de fe por brujería. Y cuando pensamos que en la progresiva Inglaterra y en la modernísima Yanquilandia, en pleno siglo xix, se han inmolado pobres víctimas por hechiceras y brujas, no podemos menos de mirar con asombro al sabio y poco conocido filósofo español, que se adelantó a conocer la perturbación mental de estas gentes.

Como se ve Góngora o sus amigos cordobeses conocían y practicaban muy bien las artes del reclamo. Con *Mendocilla* querían pulsar la opinión del vulgo, y con la autoridad de Pedro de Valencia asegurarse el aplauso y la aprobación de los doctos. Mendoza cumplió su papel a las mil maravillas, pronto se extendieron por todo Madrid copias de las *Soledades* que fueron durante mucho tiempo asunto de controversias y disputas.

Mendoza no se contentó con ser mero divulgador, escribió también sobre las *Soledades* unos Comentarios que todavía no se han publicado y que deben ser muy regocijantes.

Pedro de Valencia no alaba sin reservas estos poemas. Encuentra en ellos generosas travesuras que le divierten; pero censura el cuidado y la afectación que le hacen huir de la claridad, las transposiciones violentas y el empleo de vocablos peregrinos que conviene usar pocas veces. «En estos vicios digo que cae V. M. de propósito y haciéndose fuerza para extrañarse e imitar a los italianos y a los modernos afectados»; le anima a que dé partos dignos de su ingenio *cual le parece que va haciendo este de las Soledades*. Pedro de Valencia alaba, pues, sobre todo en las *Soledades,* la grandeza y la cultura, y censura la afectación buscada para seguir una corriente de moda. No sabemos todavía con certeza a quienes alude al hablar de los italianos; pero desde luego no es a Marino, que tarda varios años en publicar su *Adonis* y en proclamar el principio de que,

Es del poeta il fin la maravilla.

Y en cuanto a los españoles, sus contemporáneos, forzoso es confesar que Góngora fué tan allá en la imitación, pasó tan lejos de la meta que ni los más resabidos sufren comparación con algunas estrofas de las *Soledades.*

Entre los poetas y los humanistas la lectura y comento de estos Poemas suscitó una serie inacabable de controversias.

Por lo general los humanistas estaban del lado de Góngora y muchos poetas en contra. Jáuregui, Lope y Quevedo descollaron en el ataque; pero era tal la confusión que se produjo entonces en el Parnaso, que los que hoy eran enemigos del cultismo, lo practicaban mañana, el juez se convertía en reo, y todo por la influencia de estos poemas tan varia y compleja, que si produce una reacción saludable como lo prueba la publicación como remedio de las poesías inéditas de Fray Luís de León y de Francisco de la Torre, en bien o en mal a todos contagia; «¿quién escribe hoy que no sea besando las huellas de Góngora, o quien ha escrito verso en España después que esta antorcha se encendió que no haya sido mirando a su luz?... En las prosas se ha visto la propia mudanza con mayor maravilla».

Si esto decía un crítico contemporáneo de Góngora, mucho mejor y con más fundamento lo podemos afirmar ahora. Para no entrar en detalles prolijos, baste decir que Calderón y Gradan no hubieran escrito como escribieron si Góngora no les hubiera precedido.

Hemos apuntado una serie de circunstancias externas que, preparando el camino, hicieron posible y en cierto modo necesaria la aparición de estos poemas de las *Soledades.* Agreguemos ahora una más que lo hacía deseable y anhelado. España, en los comienzos del siglo XVII, entra en el período de su declinación y decadencia; pero esto que hoy vemos nosotros claramente no podían verlo los que entonces vivían en un imperio grandísimo que abarcaba gran parte de Europa, una porción de Africa, otra de Oceanía y un Nuevo Mundo al otro lado del Atlántico. Si aun hoy parece que no ha desaparecido del todo en algunos cerebros europeos el espejismo y la atracción del Gran Imperio Romano, qué de extraño tiene que aquellos españoles, educados y formados además en los escritos y en las doctrinas de Roma, al volver la vista a la realidad reconociesen en su patria a la sucesora de Roma? Y si ésta tuvo su Virgilio y Grecia su Homero, ¿por qué tardaba tanto el gran poema español? En las *Soledades* quisieron ver algunos el poema heroico que faltaba en la literatura española. Quedó sin terminar y la declinación y decadencia del Imperio se apresuraba cada día más, Góngora no llegó a realizar en las *Soledades* más que una parte del poema que había concebido. Dos versiones diferentes de dos contemporáneos han llegado a nosotros respecto al plan que Góngora había forjado para sus *Soledades*. Los dos coinciden en que debían ser cuatro sus partes, de las cuales no escribió más que la primera y un fragmento de la segunda.

Según Pellicer, estas cuatro partes debían simbolizar las cuatro estaciones; pero Angulo y Pulgar, más enterado a lo que parece, asegura que en ellas quería pintar Góngora la soledad de los campos, la soledad de las riberas, la de las selvas y la del yermo.

La palabra, soledad, ha perdido, y aun en tiempo de Góngora no era general el sentido de tristeza nostálgica que los portugueses llaman saudade y los catalanes anyoransa. La idea fundamental, el argumento que lo tiene, aunque naturalmente incompleto, son las dolientes peregrinaciones de un amante desdeñado. Hay, pues, un tema de amor platónico en un fondo de poesía pastoril o de algo muy semejante a este género. El héroe es un peregrino que aparece naúfrago en una playa, doliente y misterioso personaje; nadie nos dice quien es, de donde viene, ni adonde va. Camina y obra como ensimismado con los ojos abiertos a todas las hermosuras naturales y con el oído atento a todo ritmo y armonía. El tema y su desarrollo tiene más de concepción musical y pictórica que de literaria. Sólo por reacciones afines de la naturaleza circundante averiguamos a medías sus hondos afectos, que el peregrino canta alguna vez emocionado por un lirismo vago y sentimental. Por medio de una transfusión altamente artística esta pasión misteriosa transforma en fantasmas la naturaleza, cautiva las voluntades, y la virtud de su amor imposible se complace en hacer posibles y en exaltar ajenos amores.

La melancolía del héroe se extiende como un velo por todo el poema, que, incompleto, deja margen a todas las posibilidades. Ni por equivocación rompe la nebulosa y fantástica creación con un detalle que puede sonar demasiado a realidad histórica o topográfica y esto con un gran instinto de poeta; porque ya apoyada en algo concreto la imaginación del lector estaría más torpe para volar y soñar. Cuando no puede menos de citar algún suceso, como los descubrimientos geográficos de Colón y de los otros navegantes, se da buen arte el poeta para apartar y entretener la atención del lector con frases y metáforas sin nombrar personalmente a nadie. Este cuidado no es tan exclusivo tratándose de sucesos de Grecia y Roma, siendo éste un mundo de imaginación y de poesía que ya no es tan peligroso tocar.

El tema platónico no se desarrolla en diálogos, a lo León Hebreo, si no con solas insinuaciones, y la naturaleza pintoresca y plácida del fondo tradicionalmente pastoril, desaparece en el poema anulada por el arte y por la erudición.

Aquí está a mi entender el acierto y a la vez la equivocación del poeta, la antinomia, la paradoja del gongorismo; el genio poético tiene su hallazgo, crea un mundo de imaginación, hiere a la naturaleza con el acero de la poderosa fantasía, no la viste y recubre con el manoseado follaje de mustias figuras retóricas, hace saltar de ella, chispas y fuegos metafóricos, imprevistas relaciones de sentidos ocultos, afortunadas elipsis y evocaciones que se suceden sin cesar formando un interminable y fantástico arabesco, una nueva naturaleza compacta y distinta que solo conserva de la otra el recuerdo pasajero y la alusión lejana. El lector salta de sorpresa en sorpresa, de resplandor en resplandor. Hay pasajes en que parece que efectivamente nos convence la razón que daba uno de los apologistas de Góngora, cuando decía que la pretendida obscuridad de estos poemas provenía de la abundancia de luz, porque siendo luz de la poesía todo ornamento, a mayor ornamento correspondía mayor luz. Para no citar más que un ejemplo, recordemos el principio de la segunda Soledad.

> Entrase el mar por vn arroio breue
> Que a recibille con sediento passo
> De su roca natal se precipita,
> I mucha sal no solo en poco vaso,

Mas su ruina bebe
I su fin, crystalina mariposa,
No alada, sino vndosa,
En el Farol de Thetis solicita.
Muros desmantelando pues de arena,
Centauro ia espumoso el Occéano,
Medio mar, medio ría,
Dos vezes huella la campaña al día,
Escalar pretendiendo el monte en vano,
De quien es dulce vena
El tarde la torrente
Arrepentido, i aun retrocedente.
Eral loçano assi nouillo tierno,
De bien nacido cuerno
Mal lunada la frente,
Retrogrado cedió en desigual lucha
A duro toro, aun contra el viento armado:
No pues de otra manera
A la violencia mucha
De el Padre de las aguas, coronado
De blancas ouas i de espuma verde,
Resiste obedeciendo, i tierra pierde.

Aquí lo imaginado suplanta a lo sugerente y el lector ve al toro y a la mariposa y al Faro en un término mucho más cercano y más vivo que a la ría y al mar. Este fenómeno se nota con mucha mayor viveza en metáforas aisladas, en las chispas geniales del autor.

Conviene tener presente lo poco que el mismo Góngora escribió acerca de sus poemas, es decir de las *Soledades* (porque al *Polifemo* no lo nombra), en una carta en respuesta a otra que le escribió. Se destaca sobre todo esta frase: «caso de que fuera error me holgara de haber dado principio a algo» En la carta quiere probar que la poesía de las *Soledades* es *útil honrosa y deleitable.* Es *útil* para la educación de los estudiantes que se ven obligados a discurrir y pensar, *honrosa* porque la entienden los doctos, y más aún porque no la entienden los ignorantes, hay que añadir en honra del autor que ha llevado a la lengua castellana con su trabajo a la altura de la latina.

Es *deleitable* porque el entendimiento, debajo de las sombras de la obscuridad, encuentra verdades que le complacen. Alude también incidentalmente a lo misterioso que encubren las *Soledades* debajo de su corteza.

En realidad si son de Góngora estas observaciones no dan mucha luz; nos confirman en la interpretación humanística con todos los prejuicios de que ya hemos hablado de la cultura, del estilo, del ennoblecimiento de la lengua, de la imitación y emulación clásica. El héroe de las *Soledades* lleva impresos en su retina los paisajes virgilianos y en su oído suenan aún los versos de Ovidio y de Horacio con sus transposiciones e hipérbaton; en su fantasía se mueven y agitan todas las fábulas de la antigüedad y en su memoria todas las historias, todas las usuales y corrientes alusiones de los poetes clásicos. Y el peregrino, y por él el poeta, habla y vé todo a través de todos estos elementos, como dentro de una cátedra de humanidades.

Enfada tanto en la primera lectura todo este impedimento erudito y de imitación, que llega uno a pensar que es solo obra de un hábil gramático que ha pretendido componer un ejercicio para sus discípulos, difícil y práctico, pues en él encontrarán ejemplos de tropos y figuras, materia amplia de comentarios mitológicos y de poetas antiguos, alusiones ocultas, evocaciones a veces con solo una palabra de una fábula o de todo un ciclo de fábulas.

Sin dejar de sentir cierto malestar por esta afectación, nuevas y más meditadas lecturas descubren algo de lo que tal vez Góngora quería significar cuando aludía al misterio de las *Soledades,* que no es otra cosa que la creación estética, la liberación de la naturaleza y su interpretación, que es claro está unida y ligada a esta afectación humanística. Por esto no vale quitar la corteza y quedarse solo con el espíritu maravilloso de las *Soledades,* ese espíritu está encarnado en la forma afectada y erudita y depende de él en gran parte. Por eso hay que aceptarlas íntegras o rechazarlas, hay que situarse en la posición de estar condenado en su lectura a sentir la oscilación constante entre el genio y el ingenio, entre la pura inspiración y el artificio calculado.

Son las *Soledades* las más espléndidas flores del jardín del humanismo español; por flores, bellas, por criadas en un invernadero desprovistas del olor y frescura de la Naturaleza, flores para escogidos, arte refinado, que se puede admirar y disfrutar pero que difícilmente se presta a la imitación.

Decía Vázquez Ciruela: «con poner uno en sus versos, *canoro, erige, purpúreo, gigante de cristal o* cualquier vocablo de estos numerosos, se persuade que ya tiene todo el estilo de don Luís... La imitación loable no ha de ser en la sombra y en la superficie del cuerpo, sino en el corazón, en las médulas y en la sangre».

Esta última imitación es muy difícil. Los discípulos podían imitar las palabras y las frases pero la grandeza de la concepción, la valentía de las metáforas deslumbrantes, los geniales aciertos de expresión en las palabras, que parecen descubrir y entregar al poeta sentidos ignorados, la voluntad y la acción de crear, no se aprenden. Pero aun con los despojos de las puras formas se han enriquecido muchos. Se enriqueció sobre todo el caudal del idioma con infinidad de voces entonces rechazadas y hoy corrientes; la sintaxis perdió la rigidez de sus períodos y el paso tardo de sus cláusulas; creció asombrosamente el tesoro de las imágenes y de las metáforas. Asombra cuando se leen escritores y sobre todo poetas que vivieron después de Góngora las imitaciones, las alusiones a sus temas, la repetición de frases suyas que se encuentran.

Reinó en la literatura española hasta que la influencia francesa vino a dominar nuestro Parnaso.

CONSIDERACIONES SOBRE LA PUREZA DE LA LENGUA EN LA HISTORIA LITERARIA ESPAÑOLA

Discurso ante la Academia Española en la recepción pública del Ilmo. Sr. D. Miguel Artigas, el día 13 de enero de 1935

Señores académicos:

Me esforzaría en vano por encontrar palabras con que agradeceros la merced de haberme llamado a compartir vuestras tareas y a formar parte de una Corporación de tanto prestigio.

Sabios encanecidos en el estudio, cargados de merecimientos, varones insignes en las artes y en las ciencias, hombres que representan las más altas glorias nacionales, vienen desde siglos ocupando los sillones de la Academia. Nada de esto puede ofreceros este modesto trabajador que ha pasado los años de su vida preparando las herramientas y los materiales para que los bien dotados los empleen y empleándolos él, a las veces, como descanso y alivio de la diaria labor de Bibliotecario, de esa labor que podría llevar por lema el *Sic vos, non vobis* del poeta mantuano.

Aumenta mi confusión el pensar que voy a ocupar el sillón de un hombre ilustre por su rango social, por sus servicios a la patria en altas y difíciles misiones diplomáticas, y benemérito de los estudios históricos y literarios, D. Wenceslao Ramírez de Villaurrutia.

Es muy explicable esta doble fisonomía que ofrece Villaurrutia, este tránsito de diplomático a historiador en quien es, por su oficio, actor o testigo de la historia política contemporánea.

Es además, en cierto modo, una compensación al obligado secreto y reserva del cargo, divulgar y enjuiciar pasados sucesos entregados ya a las disputas de los eruditos.

Se le reveló a Villaurrutia la vocación de historiador ante los legajos de los Archivos de las Embajadas que sirvió, en Londres, en Viena y en Roma, principalmente.

De sus estudios en la Embajada de Londres nos han quedado sus trabajos sobre *La jornada del Condestable de Castilla a Inglaterra para las paces de 1604, La Misión del Barón de Agra en Londres en 1808, y* sobre todo los tres notables volúmenes acerca de las *Relaciones entre España e Inglaterra durante la guerra de la Independencia*.

Fruto de sus ocios diplomáticos en Viena fueron las *Relaciones entre España y Austria* y el libro sobre *España en el Congreso de Viena*.

Su estancia en Roma le dio ocasión para escribir sobre la *Embajada de Cogolludo Lucrecia Borgia* y sobre otros sucesos y personas.

No le sería difícil advertir al autor que, en aquellos trabajos de historiador documentado y erudito, el gran público celebraba sobre todo las graciosas anécdotas, la salsa picante con que los sazona.

A partir de 1916 los asuntos y los episodios históricos que tientan su pluma y su curiosidad, son de los que admitían ser aderezados con los más fuertes y variados productos de las Islas de Especería. Villaurrutia, muy seguro de su pulso y pertrechado con toda una teoría ética y ejemplar de la historia, no se anduvo en punto a medidas con adarmes y escrúpulos, aunque hombre de mundo, le importaba siempre salvar el decoro de las palabras.

Gran parte de sus libros y folletos tratan de mujeres históricas, de las que tienen historia, y como cree que en la grande y pública no puede prescindirse de las historias pequeñas y privadas, sin las cuales queda aquélla oscura y falseada, se comprende lo difícil de su empeño y el peligro de perderse en un anecdotario galante.

No se puede negar que en muchos casos esta historia al menudeo es más verdadera y, desde luego, más divertida que la que nos imaginamos inspirada por la severa Clío, y en cierto modo ejecutora ciega de una justicia algo tardía y por eso mismo desinteresada. Los historiadores de rebusca sacan a la pública vergüenza los enredos en que las gentes no habían reparado, o de los que no quedaba memoria, sin otra pasión ni propósito que contar lo que han averiguado y lo que por averiguado tienen.

Y no faltan casos en que estos cronistas de claras u oscuras mujeres tropiezan con otro Don Quijote que sale a la defensa de la reina Madásima y del bellaconazo Maestro Elisabat, trabándose de artículos y folletos, ya que no de puñadas y guijarros.

Muchos hubieran preferido que Villaurrutia no hubiese salido de los legajos viejos de los Archivos de las Embajadas; pero entonces la mayor parte de los lectores que necesitan amenidades y relatos provocantes a risa para poner los pies en el adusto palacio de la Historia, nunca se hubiesen decidido a entrar, y quién sabe si el que leyó estos libros regocijantes, en momentos de más serenidad de ánimo, dará en echarse a pechos los eruditos infolios de la otra historia.

Por lo menos, no se puede dudar de que Villaurrutia quiso cumplir el consejo de enseñar deleitando, o de deleitar enseñando: la proporción en que para una obra perfecta han de entrar estos componentes es cosa difícil de precisar y ocasionada a inacabables controversias.

Lo indudable es que la Historia de España le debe descubrimientos notables; la diplomacia, servicios acaso mal pagados y peor reconocidos; y los diplomáticos, gratitud y veneración por haber continuado la noble tradición de Hurtado de Mendoza, Saavedra Fajardo, Azara, Duque de Rivas, Valera y otros, que fueron excelentes literatos y sagaces diplomáticos.

El idioma español le es deudor, además, de aquel amoroso cultivo y esmerado empleo que resalta en todos sus escritos. Con unas atinadas observaciones acerca del *Estilo diplomático,* deleitó a los oyentes que se congregaron en esta sala la tarde en que leyó su discurso de entrada. Trajo como ofrenda las observaciones que una larga experiencia le había enseñado. Quiero ahora imitarle, por lo menos en esto, en ofreceros algunas consideraciones, documentos y noticias sobre la preocupación de la pureza de la lengua en la historia literaria española, disciplina a la que he dedicado algunas vigilias y trabajos.

Desde que en los albores del Renacimiento van adquiriendo los escritores conciencia de su arte, sienten el deseo de perfeccionar el instrumento de que se valen, y se esfuerzan en pulirlo y preservarlo de toda imperfección y desaliño.

Apenas andadas las primeras jornadas en la historia de las letras, se escuchan las voces de alarma, los avisos y los alertas. De dos peligros tiene que librarse el escritor castellano durante la Edad Media: el latinismo y el vulgarismo. El primero le atrae irresistible, ni creo que pudiera entonces parecer peligro el anhelo y afán de acercarse lo más posible a la lengua de los doctos; del segundo huye por instinto, exagerando a veces sus temores y aversión.

Se ha conservado en una única copia un fragmento de cierto Vocabulario del siglo xv y en la parte del prólogo que le precede el desconocido autor escribe una singular diatriba contra el vulgarismo. Pretende caricaturizarlo en algunos párrafos y lo extiende en otros a expresiones puramente castellanas y normales[2].

La propiedad de los vocablos se daña y se corrompe, según él, por la torpe pronunciación, y perdida la propiedad se pierde la significación. Atribuye la mayor culpa de esto a la rusticidad de los aldeanos, que no se quieren hacer fuerza ni poner diligencia en pronunciar bien las palabras, y así dañan y turban los antiguos y buenos vocablos.

Este purista precoz considera como una de las causas de la corrupción del lenguaje la frecuencia de términos vulgares y de epítetos del pueblo, y hasta de formas fonéticas muy desvariadas y disformes...

«así como en una comarca de Toledo que dizen La Sisla, que al mozo pequeño le llaman *sagal i* en otras partes por los manzebos que no son casados, ni tienen casa dizen *barranos* y yo vi labradores que para que sus bueyes fuesen conocidos llamaron a un buey *Limón* y a otro *Cordon,* ved que tiene que ver buey con Cordon ni con Limón, ni en materia ni en forma... Y así mesmo en algunas villas cercadas que pusieron antiguamente nombres a las puertas de las villas; i algunos llaman la puerta de la carrera de Toledo; los labradores con pereza y por acortar la razón dicen la Puerta de *carratoldo*».

La lengua castellana es bien ordenada y con buena elocuencia, como lo verá quien lea las Partidas del Rey Don Alfonso, pero por la pereza en pronunciar o equivocando o abreviando las palabras la han corrompido, de tal manera a veces, que estas palabras del vulgo «son tan graves de corregir como unas ropas que el mal sastre asi las daña que otro buen sastre con todo su arte, no las puede poner en corte».

Ignoramos, porque sólo se conservan en este fragmento unas cuantas palabras referentes a dignidades y oficios de la Caballería, la importancia que este Vocabulario pudo tener. Desde luego refleja una tendencia antivulgar, erudita, latinizante y un tanto exigente en su crítica, pues no le agradan aquellos versos rimados del Rab don Santo, en los cuales «hay asaz seso i notables dichos, pero son tan mal rimados que no se pueden traer a consonante». Estos que el autor juzga vulgarismos, en su aspecto fonético, no en las equivocaciones torpes, representaban en cierto sentido la evolución natural y espontánea del idioma, entorpecida por la influencia de los cultos.

Por otra parte, la tendencia erudita y latinizante, si no hubiese luchado por un imposible, dada la constancia, tenacidad, número y calidad de los que seguían su bandera, hubiera acabado con el castellano, o no le hubiera dejado nacer.

En el lenguaje escrito empezó por asomarse en los documentos redactados por notarios y curiales poco doctos, y sobre todo en las cláusulas más importantes y concretas, cuyo contenido preciso era natural que los interesados, gentes de habla vulgar, necesitasen conocer con exactitud[3].

Es evidente que antes del siglo XII había ya una literatura romance de la cual los eruditos van desenterrando algunas piezas. Había incluso una literatura romance en las tierras dominadas por los árabes; pero frente a ellas, asombrándolas con una tradición rica y conocida, se levantaban los letrados, los que podían expresarse en latín, y aún entrado ya el siglo XIII un poeta de vena tan abundante como Berceo se da cuenta, ruboroso, de la inferioridad de su instrumento y de su cultura:

> Quiero fer una prosa en román paladino
> en el qual suele el pueblo fablar a su vecino
> ca no so tan letrado por fer otro latino.

Una necesidad política y social impulsa a los legisladores a escribir en lengua vulgar para que todos, letrados e iletrados, conozcan las leyes y las cumplan, y ya Fernando el Santo hace traducir al castellano el *Forum Ludicum,* y su hijo, con las *Partidas* y las otras obras jurídicas, levanta un monumento a la lengua y al derecho hispanos.

Muy próximo y semejante a este fin útil y social de la legislación está el de la Historia, que en manos del Rey de las *Partidas y* de los cronistas e historiadores que le suceden, cumplen una misión política y a la vez doctrinal.

El arte, la poesía especialmente por lo que tiene de espontánea, acude muy pronto al lenguaje vulgar como medio de expresión, y desde el *Poema del Cid* no se interrumpe la producción poética en lengua castellana.

Aunque de reflejo, en la mayor parte de los casos, llegan acá los esplendores del primer Renacimiento, y la lectura e imitación del Dante y del Petrarca despiertan y fecundan la inspiración de algunos poetas y prosadores castellanos, y no faltan algunas traducciones que vienen a acrecentar el caudal literario del idioma y a ensanchar un poco los moldes para alojar las nuevas ideas.

En España fué el latín lo suficientemente cultivado y su literatura bastante conocida para que los escritores romancistas sintiesen una emulación nostálgica al comparar la riqueza y perfección de la lengua latina con la castellana naciente y renaciente y el deseo de aproximarse todo lo más posible al modelo.

La imitación latina es y será desde entonces el anhelo y la tortura de los escritores españoles más cultos. Y este anhelo y esta tortura han de durar hasta bien entrado el siglo XVII.

Este afán de imitar y adorar el modelo engendra otro peligro: el de la excesiva latinización del romance. Siempre ante los ojos el modelo, siempre en la voluntad el ansia de acercarse lo más posible a él, el escritor del siglo XV procura en todo momento enriquecer el idioma con los despojos del latín.

Le es fácil relativamente apropiarse las formas y castellaniza, muchas veces con acierto, nombres y adjetivos y hasta verbos latinos; pero le es más difícil calcar la sintaxis, que, torturada, dislocada a la fuerza, tiende a recobrar su forma normal en cuanto la presión forzada se descuida.

Las traducciones, sobre todo, son el campo más fértil y feraz de los latinismos, y en ningún escritor castellano llegó la violencia y el forzamiento del castellano a tal grado de latinización como en el traslado que hizo de los libros de la *Eneida* D. Enrique de Aragón.

El Sr. Cotarelo publicó una muestra en su libro sobre D. Enrique de Aragón, y D. Marcelino transcribió algunos párrafos en sus *Traductores de la Eneida*.

Véase otro ejemplo, el comienzo del libro V:

«Partiendo Eneas de los Mares de Cartago, estando en medio de la flota, cierto del camino, con los vientos aquilonares rendiendo las negras ondas, volviose a mirar los altos de Cartago muros, los cuales ya relumbraban por las llamas del gran fuego que la desventurada Dido encendiera: e no sabía la razón por qué tal encendido era fuego, por ende fue dello maravillado ignorando que tantos dolores, por amor fallescida pasar aquella quisiese ni prescentó su entendimiento eso que la mujer furente siquiere enloquecida facer pudiere»[4].

Juan de Mena salpicó sus poemas de palabras y giros latinos o latinizados; la inspiración poética hace, sin embargo, tolerables en él, y hasta gratos, estos artísticos atrevimientos que vinieron a enriquecer considerablemente el vocabulario castellano. Un estudio atento y crítico del lenguaje de Juan de Mena nos pone ante los ojos muchedumbre de palabras y giros que, olvidados y oscurecidos durante algún tiempo, vuelven a aparecer y hacen las delicias de los cultos en el siglo XVII.

Los comentadores sabios del poeta, el Pinciano y el Brócense, dieron ya autoridad y franquía a algunas de estas novedades, que se fueron transmitiendo de unos a otros los poetas castellanos.

La lentitud y parsimonia con que fué arraigando el humanismo durante los siglos XIV y XV en nuestra España prestó una indudable ventaja a la perfección de la lengua.

Se libró España de aquella superstición humanística de Italia, donde el lenguaje ya fuerte y robusto del Dante y del Petrarca quedó como eclipsado por los prosistas y poetas italianos que volvieron a emplear el latín como lengua literaria. En castellano se traduce y se castellaniza el tesoro del mundo clásico. Una lúcida serie de latinistas toma sobre sí la tarea de aliviar la ignorancia de los más, traduciendo en lengua vulgar gran número de libros latinos. Opinaban muchos, con el Marqués de Santillana, que ya que no poseían las formas debían hacerse dueños de las materias. Y el Canciller Ayala, Villena, Alonso de Cartagena, Pérez de Guzmán, Alonso de Falencia, Encina y otros, antes de comenzar el siglo xvi y muchos más en pleno apogeo del humanismo, trasladan a la lengua castellana buena parte de la literatura latina, y hasta directa o indirectamente las obras más conocidas de la griega. Y en este trasiego de ideas y materias algo pasa de las formas del viejo latín al idioma romance[5].

La historia, como hemos dicho, se adelanta a otros géneros en el empleo de la lengua vulgar, acoge, además, los viejos poemas y los romances viejos, poesía del pueblo en lengua amable y sencilla, para todos fácil y de todos comprendida. A fines del siglo xv y comienzos del xvi, esta lengua aparece adulta y rica en la *Celestina,* el *Lazarillo y* en el teatro de Gil Vicente y Juan del Encina.

El siglo xvi contempla ya la victoria decisiva del castellano, pues sólo iba quedando a los adoradores del latín un último reducto, una última trinchera: la prosa sabia y doctrinal –filosofía, teología y jurisprudencia teórica–, que durante mucho tiempo ha de considerarse impropio y poco digno escribirla en castellano.

Una circunstancia histórica pareció amenazar al romance castellano con un destierro más prolongado de estos y de otros campos de la cultura. La reforma protestante y la crítica erasmiana comenzaron a contagiar insensiblemente y a perturbar la unidad de creencias, despertando recelos y levantando dondequiera suspicacias. La Inquisición, con ojos muy abiertos y con tribunales incansables, se esforzaba en descubrir y destruir todo brote que pudiera significar un peligro para la pureza de las creencias.

Estas entonces peligrosas materias de religión y de filosofía, de moral, de interpretación bíblica, eran terreno resbaladizo por el ambiente de recelo que, denso y fuerte, dominaba en España, y que vió envuelto nada menos que a todo un Arzobispo de Toledo en un larguísimo y penoso proceso por el sentido ambiguo de algunas frases que estampó en su Catecismo. De todos modos, estas temerosas trabas no influyeron en el cultivo del idioma ni en su evolución; frondosa y rica lingüísticamente es toda la literatura mística del XVI escrita en castellano, y es de notar que en un libro castellano de altísima teología, escrito además por quien había sufrido los rigores de la Inquisición, leemos una magnífica defensa de la lengua castellana.

«I es engaño común tener por fácil y de poca estima todo lo que se escrive en Romance que ha nascido de lo mal que usamos de nuestra lengua no la empleando sino en cosas sin ser, o de lo poco que entendemos della, creyendo que no es capaz de lo que es de importancia que lo uno es vicio y lo otro engaño y todo ello falta nuestra y no de la lengua ni de los que se esfuerçan a poner en ella todo lo grave y precioso que en alguna de las otras se halla... que las palabras no son graves por ser latinas, sino por ser dichas como a la gravedad le conviene... I si acaso dixeren que es novedad, yo confiesso que es nuevo y camino no usado por los que escriven en esta lengua poner en ella número, levantándola del descayimiento ordinario. El cual camino quise yo abrir, no por la presumpción que tengo de mi, que bien se la pequeñez de mis fuerzas, sino para que los que las tienen se animen a tratar de aqui adelante su lengua como los sabios y elocuentes passados, cuyas obras por tantos siglos biven, trataron las suyas y para que la igualen en esta parte que le falta con las lenguas mejores a las cuales según mi juizio vence ella en otras muchas virtudes»[6].

No es ésta una alabanza aislada; la defensa del castellano como lengua excelente y capaz para las más varias y sutiles expresiones, es un tema común a muchos escritores, y no sólo la defensa, sino su apología y exaltación. Desde Valdés hasta Forner forma todo un género literario[7].

Pero aún en las defensas y apologías aparecía siempre la sombra del latín como término excelso de comparación y como anhelo confesado o no de los apologistas. El castellano había crecido libre, sin normas fijas, sin reglas impuestas y seguras, con la frescura y lozanía de las plantas silvestres; sólo aquella sombra del latín y de las regias de la gramática latina que en las clases de Humanidades y Gramática aprendían todos los escolares les servían de pauta deliberada o inconsciente. Conocían bien estos escolares la estructura de la lengua latina, y aunque procurasen, al escribir en castellano, olvidarla, aquel conocimiento, aun evitado, constituía una fuerte armazón gramatical, la única de que podían valerse aún los que pretendían huir del viejo modelo.

Nebrija, renacentista, creador de la filología castellana, fué el primero que abrió tienda de gramática castellana en aquel año prodigioso de 1492[8].

Fortuna y providencia grande que cuando los españoles iban a llevar a un nuevo continente su idioma pudieran presentarlo trabajado y bien establecido por reglas seguras, necesarias o muy útiles para la enseñanza y el aprendizaje.

Y como a los pocos años la expansión española no interrumpida desde los siglos medios en Italia, se extendió a otras partes de Europa y del mundo con Carlos y Felipe, se escriben y se imprimen gramáticas y vocabularios para que aprendan otras naciones el castellano, que es el idioma del Imperio.

Hay toda una literatura curiosa y entretenida, verdadero juego de eruditos, que tenían la paciencia y el humor de escribir composiciones en prosa y en verso, y que podían ser leídas como si estuviesen en latín y en español. Este alarde lo hicieron también escritores italianos y portugueses. En el fondo estos escritores se esforzaban en probar que su lengua estaba más cerca, era más directa heredera de la latina[9]. Con las nuevas doctrinas había revivido la idea y el sentimiento del Imperio nunca extinguidos en la Europa occidental.

Son reveladoras a este propósito las palabras de un desconocido comentador de unos comentarios a Góngora:

«Comenzó a pulirse el castellano en tiempo del Rey D. Fernando cuando cesaron en España las guerras y descubrió asomos de lo que avia de ser tan grande monarquía.

A llegado oí lengua como imperio a toda la grandeza que puede tener. Testigos tantos y tan grandes ingenios como cada día en este edad con admirables escritos le an enriquecido. Está pues nuestra lengua en el estado que nuestro imperio... I si no es que por ver que en España se conserva la pureza de la fe, hace milagro particular es fuerza que asi de imperio como de lengua se sienta dentro de pocos años la declinación...».

Este agudo y profético comentario no sólo hace la apología de la lengua, sino que adivina las futuras empresas de la crítica literaria: «Daranse todos a la inteligencia de nuestros oradores... estimando cualquier coplitas de que nos reimos agora... Estudiaran nuestras comedias. Admirárase la posteridad de que un hombre haya escrito mil y quinientas... No faltará quien recoja todas las voces que se hallaren en el Fuero juzgo...»[10].

Pero ni las defensas, ni las apologías del castellano, ni las gramáticas ni los preceptos, ni la severa guía de los modelos clásicos, ni la rica prosa del Arcipreste de Talavera y de Rojas, fueron del todo decisivas para la perfección y fijación del idioma. Nadie puede negar a todos y cada uno de estos factores su parte, pero más que los maestros y preceptistas, y más que los modelos retóricos y que los mejores prosistas, son los grandes poetas los que crean y fijan la lengua.

Con su buen gusto instintivo, con su delicada sensibilidad, amasan con la flor de la harina del idioma sus más bellos poemas que todos aprenden, que todos repiten, bellas formas que cubren conceptos bellos, contagio constante que llega al último confín del país donde vive un lector.

Y entre todos los poetas castellanos de la primera mitad del siglo xvi, a ninguno le debe más nuestro castellano que al dulce Garcilaso. Garcilaso es el fruto más delicado y fino de nuestro renacimiento. La erudición clásica late en el fondo de su poesía. Horacio y Virgilio le prestan la riqueza de las metáforas, que hace suyas y las asimila con tanta discreción que ni la imitación ofende, ni la naturalidad padece en el tránsito. La lengua de Garcilaso tiene el sabor de la fruta madura, no hay en ella acritudes, no hay rudezas, fluye mansa y suave, ocultas y apagadas por el resplandor de un arte exquisito las imitaciones y reminiscencias. Los poemas de Garcilaso, al lector de hoy, no le ofrecen dificultad alguna; desde que escribió sus églogas, liras y sonetos, sigue siendo un contemporáneo de cuantos a él se acercan, es acaso el más clásico de nuestros clásicos, y por esto el que ha tenido una influencia más intensa y extensa en la fijación del idioma.

No todos los escritores del siglo xvi tenían el buen arte y la discreción de Garcilaso. De él aprendieron todos, muchos le imitaron, y no pocos emularon su gloria intentando nuevos caminos.

Cada intento dejaba sus huellas en la masa blanda y dúctil del idioma que se deja modelar por tantas manos. Cada artista que verdaderamente lo era, le prestaba como tributo involuntario un nuevo primor, una bella expresión, una hermosa palabra.

Había una vieja cantera, la tradicional de la erudición latina, que en pleno siglo xvi aún sufría nuevas explotaciones con que enriquecer el idioma castellano; esa erudición latina seguirá siendo, y cada vez con más exigencias, base y fundamento de toda cultura, y por esto es muy natural que el influjo del latín sea una de las fuerzas constantes que sobre él actúan, y a la que está fuertemente sometido[11]. Y no sólo en lo que respecta al vocabulario, sino también a la sintaxis. En realidad, el aumentar con nuevos vocablos el caudal de la lengua fué preocupación y ocupación más sentida en el siglo xv.

Los escritores cultos del xvi ya tienen que esforzarse poco en este punto: es la *cálida junctura* la elocución, la expresión nueva, lo que sobre todo les preocupa. Herrera, el gran poeta, en sus *Comentos* a Garcilaso, trata deliberadamente de establecer teóricamente los principios de una lengua poética, distinta de la usual y corriente, es decir, un castellano que se parezca al latín de Virgilio o de Horacio.

Esta dirección humanística y culta alcanza, como es sabido, su plenitud y más visible desarrollo en Góngora.

Hoy es ya moneda corriente el considerar que lo que se ha llamado y se llama indistintamente cultismo o gongorismo, apareció antes de que Góngora escribiera sus poemas, y que mucho antes de 1612 eran ya temas literarios vulgares el cultismo, y hasta la sátira de la oscuridad poética. En realidad el fenómeno es universal, o por lo menos apreciable en aquellos pueblos en que el renacimiento de los estudios clásicos alcanzó algún desarrollo.

En cuanto la crítica ha prescindido de los perezosos antojos de los prejuicios tradicionales y ha analizado serenamente, con sentido histórico y estético el problema, han ido cayendo una tras otra las que parecían bases fundamentales de toda una teoría que los retardados» repetidores todavía acogen en sus manuales de Historia Literaria. Góngora, para la vulgar y vieja apreciación, es un excelente poeta que, ambicioso de más gloria, deja su estilo tradicional y claro para crear otro intrincado y oscuro. Quien antes fuera *ángel de luz,* se convierte en *ángel de tinieblas,* contagia a sus contemporáneos y da comienzo a una escuela de mal gusto.

Los fundamentos históricos de este lugar común no han resistido un examen severo. Aparte de que ya antes de Góngora había habido poetas oscuros y poetas que se burlaban de esta oscuridad viciosa, al fechar con precisión el *Panegírico del Duque de Lerma* y averiguar que era posterior a las *Soledades* y al *Polifemo,* se ha tambaleado la pieza firme en que se apoyaba la supuesta perturbación mental del poeta. La locura ya no puede explicar el fenómeno. El contagio italiano de la poesía de Marino está descartado, ni es razonable atribuir un cambio radical de estilo a la lectura de un libro, el de la *Erudición Poética,* de Carrillo, cuyos puntos de vista eran viejos, en cierto modo, entre los humanistas del siglo XVI.

Pero hay más; analizados los elementos del estilo de Góngora, muchas expresiones y giros calificados de viciosos los encontramos empleados en las primeras composiciones que salieron de su pluma.

Como muy sutilmente ha demostrado Dámaso Alonso en el Góngora de las obras más claras está, más que en potencia, en genialidad y en la manera de hacer, el autor de las más oscuras, hasta el punto de que entre las dos épocas en que tradicionalmente se divide su obra no puede fijarse un límite definido: la una va dando origen a la otra, y lo que caracteriza a la segunda no es más que la *intensificación en el pormenor y la densificación en el conjunto*. En la sucesión puramente cronológica Góngora escribe, después de sus grandes poemas, muchas poesías que los obcecados en la partición cronológica del poeta tendrían que colocar junto a las primeras que compuso.

Quien no se pare en la corteza de las cosas, llegará a ver claramente que la técnica literaria de Góngora sigue las normas comunes al arte de una época que comienza en el siglo xvi y xvii y se dilata hasta el xviii. Lo que hay es que Góngora, poeta extraordinario, ha sabido y podido realizar plenamente en unas cuantas poesías lo que otros sólo pudieron iniciar, y los preceptistas con una erudición indigesta, defender.

En el estudio histórico de la lengua y la apreciación de su pureza y plenitud, Góngora señala una parada brusca que a todos conturba. Muchos de los más cultos humanistas latinizantes le saludan como al redentor del idioma vulgar, pobre y oscuro antes, que podía ahora hombrearse con los idiomas sabios; ya tienen los profesores de retórica y de letras humanas unos poemas que sufren comentos sabios y eruditos, ya no serán sólo Horacio y Virgilio las minas donde ir a buscar figuras, elegancias y tropos sorprendentes.

Los poetas, deslumbrados todos con la riqueza poética del Cordobés, le imitan hasta cuando le quieren combatir, y Quevedo, el enemigo más acérrimo de Góngora, cuando quiere escribir grave y entonado, sigue sus huellas.

Curioso y único ejemplo tal vez en la literatura universal el de este poeta, que suscitó las más furiosas y sostenidas controversias sin haber impreso ni permitido imprimir sus discutidos poemas; singular y envidiable cultura literaria de un pueblo y una época, curiosidad casi incomprensible la que difundió en pocos años, en pocos meses, unos poemas que repetían de coro las gentes, y que produjo además una copiosísima literatura crítica e interpretativa de ellos, comparable a la que se escribió por los gramáticos alejandrinos o renacentistas sobre los grandes poemas clásicos.

Los críticos adversos a Góngora plantean por vez primera de un modo claro, en la literatura española, el problema del purismo. Antes encontramos alguna alusión o burla jocosa del afán latinizante y cultista de algunos escritores: recuérdese la alusión de las *Coplas de la Panadera* al estilo del Marqués de Santillana, por ejemplo, y las censuras, más o menos directas, en las disputas de los partidarios de la escuela tradicional en tiempos de Garcilaso; sin embargo, de modo general se puede afirmar que, hasta Góngora, el empeño latinizante y erudito era considerado como un mérito y primor de la lengua; se trataba por todos (en la discreción y buen gusto consistía el acierto o el desatino) de enriquecerla y aumentar su caudal con préstamos y saqueos de la lengua latina.

Sólo ante las *Soledades,* el *Polifemo* y el *Panegírico* se levanta una oposición fuerte, sostenida, que comienzan poetas y críticos: Lope, Jáuregui, Cascales, y que pasa después al vulgo a través de los escritores satíricos y de los dramaturgos. Entre éstos, y con Lope a la cabeza, es casi un lugar común imprescindible, un truco para congraciarse con el vulgo, salpicar los dramas con algunas escenas caricaturescas del estilo culto.

Curioso y complejo fenómeno; los burladores ponen sobre su cabeza al poeta, le imitan y difunden sus giros y expresiones, y contra su propósito, son los propagadores de su arte y los que ayudan a ganar la batalla.

En la opinión vulgar, Góngora pasa por fracasado y vencido, pero persisten sus innovaciones y atrevimientos que se han incorporado en su mayor parte a la lengua de todos.

Una de las palabras que los satíricos antigongorinos ponen en la picota del ridículo es la palabra *esplendor.* Pues bien, pasado un siglo apenas, la Academia Española pone en su escudo, como lema de sus trabajos, el *limpia, fija y da esplendor.*

Hay que advertir, además, que esta palabra esplendor no la inventó Góngora. En la *Storia de los cuatro doctores* se encuentra empleada, es frecuente en Herrera, y se usa además en el *Quijote.* En Góngora aparece muy en los comienzos de su vida literaria, es decir, en la época del Góngora *ángel de lus.*

Dámaso Alonso, decidido a poner orden en el léxico gongorino, con un análisis preciso y casi matemático, ha llegado a conclusiones que parecerán verdaderamente sorprendentes. En la *Soledad* primera muchos de los cultismos empleados por Góngora fueron usados ya en el siglo xiii: *absolver, dictar lámina, recíproco, vulto,* etc., y muchísimos abundan en los escritores desde fines del xiv hasta principios del xvi: *apócrifo, fábrica, nocturno, líquido, revocar, sacro, tridente,* etc., y no pocos en los vocabularios castellanos anteriores al Góngora oscuro. Pero es más, en escritos de Góngora ante-

riores a la *Soledad* primera, se señalan más de tres-
cientos cultismos que no se repiten en ella.

Durante más de tres siglos el castellano se enriquece considerablemente de cultismos; pero el
buen gusto de Garcilaso, *su* arte exquisito, poda y
pule la maraña latinista. Góngora representa una
nueva abundancia, poco original en sí, pero que
repetida y artísticamente aderezada, logra infiltrar-
se y decora y enriquece el lenguaje literario.

Se ha demostrado que el cultismo es anterior a
Góngora, y que no faltaron burlas y protestas contra los precursores del Cordobés. Su éxito es conta-
gioso; los que le siguen exageran el empleo, y los
contradictores, que pretendían ser los purificadores
del lenguaje, arrecian en sus ataques.

Buchanan, Rodríguez Marín, Wilson y Herrero
García han publicado listas de palabras puestas en
la picota por los puristas con evidente delectación
y con afán de caricatura social en muchos casos;
porque hay que observar que el cultismo llegó a
ser una preocupación algo más que literaria, una
moda que, aceptada con entusiasmo, contagia las
letras españolas, no sin protesta y censura de muchos poetas, que por otra parte ponen sobre su
cabeza al autor del *Polifemo; y* es que, como dice
Herrero García, «los historiadores de la literatura
han procedido con demasiada ligereza al colocar
a Góngora al frente del movimiento culterano»; el
fenómeno, natural, es históricamente anterior, y
después su nombre glorioso cubre las mercancías
más varias y averiadas.

La veintena de vocablos raros de Góngora, sin
el artificio insistente en su empleo, a nadie hubiera podido sorprender, y sin el arte maravilloso de
expresión no lograra atraer a tantos admiradores.

Góngora sabe recoger con una mano un tesoro idiomático tradicional marchito, lo vivifica con el hálito de su inspiración y de su arte y lo entrega refulgente, con la otra, a la sorprendida admiración primero y a la vulgaridad de las nuevas generaciones después.

Dura y perdura durante el siglo xviii aquel afán de burla y de caricatura, eco y reflejo de los días y de las pasiones que despertó el estilo de Góngora. ¿No es Fray Gerundio un eco de esta preocupación satíricoburlesca aplicada a la oratoria del púlpito?

Estos ecos se apagan cuando entra en plaza otro enemigo contra el cual se vuelven las armas. Otra vez corre la especie de que es llegado el momento crítico de la lengua, amenazada ahora por el contagio francés. Una dinastía francesa viene a reinar en España y en la corte y en la clase social que rodea al monarca es indudablemente muy grande la influencia que ejerce. Es corriente entre los historiadores de la literatura española, al llegar a estudiar este período, lamentar *y* execrar el afrancesamiento de las letras.

Yo sospecho que, como sucede con las controversias cultistas, hay en este punto muchos tópicos y mucha falta de análisis. ¡Pobre y calumniado siglo xviii! Había indudablemente malos escritores, muchos traductores inhábiles y torpes y sobre todo pocos escritores geniales; pero la sucesión de los buenos cultivadores del idioma no se interrumpe.

¿Dónde están los libros de alguna sustancia y de abominable estilo que pusieron al idioma en trance de que se pudieran celebrar sus *Exequias en el* Calumniado siglo xviii, en cuyo ámbito se tropiezan y enfrentan dos bandos violentos sin encontrar una fórmula de convivencia: la tradición española y la nueva ilustración?

¿Puede llamarse sin reservas siglo afrancesado al que produjo la Historia de Flórez y los poetas de las escuelas salmantina y sevillana, que recuerdan, sin bochorno, las otras escuelas del XVI que se conocen con los mismos nombres? ¿Siglo afrancesado, en absoluto, el que narra la decadencia del idioma y el próximo fin del castellano, con un estilo recio y castizo arrancado de la viva entraña de nuestros clásicos?

Y en cuanto al idioma, precisamente en este siglo comienza el estudio sistemático del castellano, y aunque fuese por imitación, a principios de este siglo se funda la Academia Española por aquellos ilustres varones que se juntan con el deseo de «cultivar y fijar en el modo posible la pureza y elegancia de la lengua castellana»[(12)]. En la *Planta y Méthodo que por determinación de la Academia Española deben observar los Académicos en la composición del nuevo Diccionario de la lengua* se señala como tarea esencial «desterrar las voces nuevas inventadas sin prudente elección».

A los pocos años (1726) publica el primer volumen del llamado Diccionario de Autoridades, el esfuerzo más importante que se ha hecho para la fijación y estudio del idioma. Desde entonces en la Academia, y bajo su protección o contra sus decisiones, han venido a concentrarse los estudios del español como lengua hablada. No es ni ha sido el criterio de la Academia excesivamente purista ni autoritario, y sí más liberal y transigente que las instituciones similares de otros pueblos; pero sin duda

ha contribuido notablemente a formar una conciencia y unas normas respetables y respetadas.

Es indudable que existía una preocupación intensa y difusa que, en los puntos esenciales, con-
venía en vigilar la pureza del idioma, cuando hasta
un espíritu tan poco académico como Feijóo, en
el mismo año que aparecía el primer volumen del
Diccionario de Autoridades, publica su trabajo *Algunas observaciones sobre la introducción de voces nuevas en nuestro idioma,* en el que sustenta
una doctrina muy razonable y hasta conservadora
compatible con sus atrevimientos y afanes de modernizar la cultura española.

Sin salir del siglo xviii los nombres y escritos de
Mayans, Capmany, Huerta, Iriarte, Forner, Vargas
Ponce, Moratín, Meléndez y otros que escribieron,
discutieron y disputaron con más o menos acierto
y templanza sobre la materia, nos descubren la
constante y sostenida atención ante los problemas
del buen uso y empleo del castellano.

Faltan todavía estudios serenos y profundos
sobre el siglo xviii español que pongan en claro y
hagan luz suficiente en esta bibliografía[13].

En este período de nuestras letras, como en
la época de Góngora y sus secuaces, hace falta
poner orden y concierto. Como entonces, las polémicas confunden y desfiguran con frecuencia los
datos y las observaciones, a unos todo les parece
galicismo o influencia francesa, y otros, acusados
de afrancesados, como Meléndez, son tildados de
magueristas o arcaizantes.

De materia tan varia y vaga y tan sujeta a la
interpretación y al gusto individuales, es difícil
deducir aún una doctrina, y menos unas normas.
Hay algún crítico, como Campany, que en el espa-

cio de pocos años se contradice, y el que en 1777 es un defensor apasionado de la introducción de nuevas palabras, de la renovación del castellano, «únicamente los turcos que viven solos en Europa conservan el lenguaje de su fiero Othomán en testimonio de su barbarie...», decía, reacciona más tarde, y en la segunda edición de su *Elocuencia* y en otros valiosos escritos de esta época está dominado por un anhelo estrechamente conservador y purista.

Hoy puedo aducir un documento curioso qué viene a ilustrar esta confusión. En la Biblioteca de Menéndez Pelayo, en Santander, se conserva autógrafo e inédito un curioso discurso sobre *El uso de las palabras nuevas en la Lengua Castellana,* debido a la pluma del famoso poeta D. Félix Joseph Reynoso, que a mi entender da clara idea de los puntos de vista que sobre esta cuestión sostenían los hombres más entendidos en estas materias en los últimos años del siglo xvIII[14]. Darlo a conocer con algún detalle me parece una obra de justicia y un buen servicio a la historia literaria del siglo xvIII.

No es Reynoso un purista necio y terco; pero contra lo que pudiera suponer algún distraído, si se deja llevar de la fama del nombre de su autor, no es ni mucho menos un defensor de la influencia francesa. A Reynoso se le conoce más que por sus bellas poesías, tan entonadas, por su libro sobre *Los delitos de infidelidad a la Patria,* que ha tenido la mala fortuna de suscitar vivas y crueles condenaciones. Trató en él de justificar la conducta de algunos españoles que, después de la invasión francesa, no tuvieron reparo en seguir desempeñando funciones públicas bajo el mando de los invasores, y aún obtuvieron nombramientos y cargos de sus autoridades. Cuestión y problema es éste fuera de lugar aquí, y que según el humor y temperamento de cada uno ha sido calificado de traición o de prudencia. Hombres de tan opuesta ideología como Gallardo y D. Marcelino le califican como el *Alcorán de los afrancesados*.

Este discurso sobre el neologismo se escribió diez años antes de que empezase la guerra de la Independencia, y perderá el tiempo quien pretenda encontrar en él precedentes del supuesto afrancesamiento de Reynoso.

No es un purista teórico intransigente, pero sí enemigo abierto y declarado de los galicismos y de la influencia francesa en la lengua española. Pasaron los años, y la pluma de Reynoso, tan culta y tan enterada de cuestiones jurídicas y políticas, escribió unas notables observaciones al primer código penal español, que además de un valioso documento jurídico es una fe de erratas, una impugnación erudita y muy razonada de los galicismos en que tal código abundaba, como calcado en el francés y atropelladamente trasladado a nuestra lengua[15]. Otra paradoja: el autor del *Alcorán de los afrancesados* era, en realidad, un impugnador del fondo y, sobre todo, del lenguaje del código penal español afrancesado.

En el discurso inédito *Sobre el uso de palabras nuevas en la lengua castellana,* comienza el autor haciendo observar muy cautamente que cuando él atribuye a un escritor español la invención de un vocablo, debe tomarse como una conjetura y mientras no se aduzcan autoridades que lo contradigan. En esto han errado muchos. Garcés atribuye a Jáuregui la invención de la palabra *sanguino,* que ya usaron Herrera y Garcilaso; Garcilaso había empleado el adjetivo *almo* antes que Fray Luís, y así otros casos por el estilo.

Los puristas, dice, toleran en sus disertaciones y críticas que los hombres sabios puedan introducir palabras y modificaciones en el lenguaje, pero *sólo aquellos que tienen arte y prudencia para lo hacer.* Y arguye muy bien Reynoso que el título de sabio suelen concederlo las generaciones venideras cuando ya el sabio ha dejado su huella en el lenguaje. Además, el gobierno del mundo literario es popular, y todos gozan en él de iguales privilegios. Todos los que conocen bien un idioma pueden formar voces nuevas sujetándose, como en todas las artes, a ciertas reglas. Hay un idioma vulgar, de comunicación que todos emplean, hay un lenguaje científico o técnico propio de los estudiosos y hay un lenguaje poético. Estos dos últimos toman su fondo y caudal del primero, que es el común y natural a todos. El lenguaje vulgar y racional debe aspirar sobre todo a ser claro, a que todos lo entiendan, y es por tanto el que menos neologismos debe admitir. Los estudiosos necesitan o pueden necesitar nuevas palabras para las nuevas ideas; pero tendiendo, sobre todo, a la ilustración de los demás, deben ser parcos en novedades para ser entendidos. El lenguaje poético que se usa para deleitar debe gozar de mayor libertad en sus invenciones, dentro siempre de la razón y del buen gusto. En Grecia, en Roma y en nuestro siglo xvi, se reconoció sin disputa esta facultad. Las lenguas se van perfeccionando y enriqueciendo con el tiempo, y siempre pueden ser perfeccionadas.

Es verdad que la lengua alcanzó su mayor ornamento en el siglo xvi; pero aun sin hablar del lenguaje científico, que naturalmente ha dilatado su área de influencia después, faltaban y faltan en el idioma muchas voces que va adquiriendo; y faltaba y falta, sobre todo, precisión y exactitud en el significado. Trae ejemplos de falta de precisión en palabras como *eficaz, celebrar, agravio* y *afrenta,* y encomia la obra de Huerta sobre los sinónimos. Cuando el escritor que pretenda dar a sus obras esta precisión no encuentre la palabra justa, si puede, debe inventarla. El gran esfuerzo de los literatos debe ser mantener, a pesar de la inconstancia de los pueblos, aquellas voces de mayor energía que no han sustituido o no pueden sustituir fácilmente otras tan expresivas y bien formadas. «Mas si contra la vigilancia del dueño marchita el tiempo parte de los árboles de un plantío, ¿no deberá llenar con otros renuevos los huecos arrasados, o verá tranquilamente tornarse yermo el campo que cubriera antes sus ramas?» «Aun a mí me parecería a veces una extravagancia el aconsejar la introducción de nuevas voces, cuando se debía clamar solamente contra la gavilla de semejantes introductores. Detesto como el que más pueda esa raza bárbara de garladores que así tarazan y destrozan el habla más rica, más dulce, más bella, más magnífica y sonante de la Europa; el habla española, que no merecían haber conocido jamás, para vestirla de mamarracho, con los arrapiezos asquerosos del más pobre de los idiomas cultos...».

Desde luego es precepto inconmovible desde Horario que las cosas nuevas requieren nombres nuevos. El que una palabra no sea de uso frecuente, no es razón para sustituirla por otra nueva; además, las voces antiguas *renacidas* traen consigo el placer de la novedad y autorizan además «y como que encanecen el lenguaje».

La necesidad es, pues, la más poderosa razón de la introducción de voces nuevas... Reynoso cree además que es lícita la introducción de palabras que evitan una perífrasis y aplaude a Villegas porque dijo *ancianaré mis juveniles días,* porque además ancianar es más expresivo y exacto. Lo mismo opina de *flautear* y *lirisar,* usados por Conde, y de los sustantivos abstractos de que es pobre el castellano, que utiliza en su lugar los infinitivos sustantivados, y propone, por ejemplo, en vez de *vogar,* el sustantivo *vogamiento,* a imitación de *seguimiento* y *movimiento.* Apoya su parecer con el ejemplo de los clásicos que se permitían estas libertades. ¿Por qué no imitaremos su osadía?, dice; y ¿qué reglas han de seguirse para la invención de nuevas palabras? Las voces nuevas o se forman del mismo idioma o se introducen de otros extraños. Del mismo idioma se forman por composición, como *ondisonante,* de Meléndez, y *zanquilargo,* del P. Isla; por derivación, *gitanísimo,* de Cervantes, y *abuelísimo,* de Quevedo, y *filosofismo,* que introdujo Reynoso; pero de estas voces la lengua acepta unas y rechaza otras.

La onomatopeya es otra fuente de formación de palabras, como *taparatan, rimbombar, marramozar* y otras. «Cuando no hay elementos en la lengua de que pueda componerse la voz que se ha menester ni raíz alguna que pueda producirla, entonces, por último recurso, se apela a los idiomas extraños para traerla de ellos. ¿A qué idioma se ha de recurrir luego?». Y contesta con ironía: «¿Pues en eso puede caber duda? Al idioma más filosófico, más elegante y galano: a las delicias de los pisaverdes y pedantes, al patrimonio de los traductores de *pane lucrando,* al lenguaje de los amoladores y peluqueros, al melodioso y armónico y atildado francés. Oh, éste es el idioma todo bello que está en boga (séanos lícito graznar alguna vez)». Y hablando ya en serio, cree que en este caso hay que recurrir al latín o acaso al griego, y de los modernos, al meloso y pulido italiano y, en último término, al francés, inglés y alemán.

Sobre el lenguaje científico tiene Reynoso observaciones muy justas. Las naciones inventoras han impuesto sus nombres, y bien sea por la pobreza de raíces en el idioma español, o por descuido en buscarlas por estar escritos en latín los libros científicos antiguos, por pedantería o por el tono sibilino de los especialistas da por resultado un dialecto bárbaro que solamente sirve para redoblar la oscuridad y dificultad de las ciencias con unas expresiones ininteligibles, de manera que es cosa frecuente en las ciencias que cueste más esfuerzo que el estudio de las ideas, el de los signos que las explican. Cita ejemplos de las ciencias matemáticas y de la retórica,

«cuyo lenguaje parece dispuesto para amodorrar los talentos pueriles: el *retruécano* es *antimetabole,* la *repetición* es *polipopton,* otra cosicosa es *antimetabóle,* otro *polysyndeton,* otra *paremboles,* etc..., y juro que no me acuerdo qué significan sin embargo de lo que aprendí entre el trompo y la villarda... En hora buena tomen sus voces los profesores de Ciencias y Artes, cuando no puedan de su idioma, del latín, y si no pueden del latín, del griego, y si no pueden del griego, aunque sea del chino, pero engrecizar a todo trance y revestir de palabras de conjuro las ideas mismas que un faquín o maragato expresara en su idioma nativo, créanme que no tiene razón».

Opina que es muy digno de imitación el proceder de Cicerón, que se tomó el trabajo de buscar en la lengua latina equivalencia a las voces griegas de filosofía. Encomia a este respecto la obra de D. José Clavijo, traductor de Buffon, que se esforzó para no mendigar voces de otras lenguas sino en el caso preciso de faltar en la nuestra.

Los escritores científicos han hallado más cómodo el expediente de «trasladar indirectamente palabras del todo francesas, o acomodadas al francés, llegando esta locura de francesear hasta creer que el habla española no es de suyo tan exacta y filosófica como aquélla para los asuntos científicos». Cita la autoridad de Capmany sobre la pobreza del vocabulario francés en comparación con el castellano, pobreza que deja un espacio o vacío oscuro e ilimitado al cual se lanza la mente y cree ver multitud y reduplicación de ideas que acaso no determinan las mismas voces.

«En suma –dice Reynoso–, nuestra habla tiene siempre más caudal de voces para manifestar las ideas de mil modos, que la francesa. Sólo falta que se trabaje en aplicarla con exactitud a los asuntos filosóficos, que sus escritores la entiendan y sepan apreciar, y no den entrada a signos extraños en el idioma sino en caso de grave necesidad o de que puedan servirle de ornamento.

Entonces deberán tolerar pacientemente los puristas esta admisión y no dar causa para que repitan los españoles lo que de los latinos decía Quintiliano: *Iniqui judices adversus nos sumus, ideoque paupertate sermonis láboramus*».

El conocimiento del *Discurso inédito,* de Reynoso, me hago la ilusión que servirá de desagravio al autor del famoso *Alcorán de los afrancesados*. Por lo

demás, sus ideas sobre el purismo son claras y justas. No sólo en España, en toda Europa, después del
Renacimiento se planteó el problema del purismo, y
puede decirse que en otras partes con más acritud,
violencia y duración que en España. Hay una cierta semejanza entre esta preocupación de limpieza
de lengua que la limpieza de sangre y de ideas que
han sido y siguen siendo campo de batalla entre los
hombres. El purismo es un ideal de perfección en
la lengua que tiende a preservarla de toda contami-
nación y defecto.

Parte del supuesto consciente o inconsciente
de que hay un momento en la historia del lenguaje
en que éste ha alcanzado su perfección. Pero el
lenguaje es un medio de expresión, no es un fin
en sí mismo, y para no dejar de serlo tiene que
acomodarse a las ideas, a los sentimientos, a las
realidades nuevas o distintas que la vida en su
perpetuo y continuo movimiento trae consigo.

Las mismas palabras, las mismas formas alteran
a menudo su significado con el tiempo, y ya hoy
no significan lo que significaron antes. Aunque se
pudieran señalar unos cuantos años, un período
de tiempo durante el cual el idioma puede parecer perfecto y fijado, habría que escoger entre
los escritores de este período el que entre todos
había sabido interpretar mejor esta perfección. Y
si la unanimidad lograse imponer uno, estaríamos
en peligro de caer en aquella verdadera locura tan
extendida en el Renacimiento que consideraba a
Cicerón como el modelo exclusivo de latinidad
hasta el punto de que se rechazaban como mal
latín formas o giros que no contasen con el pre-
cedente de legitimidad que únicamente Cicerón
podía otorgar.

Si con una lengua muerta, aunque renacida para los eruditos, fué imposible conseguir la estabilidad, la inmutabilidad con que puede soñar un purista, mal podrá lograrse esto mismo con un lenguaje que, además del empleo literario por gentes ilustradas, sirve, tiene que servir para entenderse los hombres para nombrar y tratar de ideas, de relaciones y conceptos, de operaciones y actividades que antes no existieron.

No quiere esto decir, sin embargo, que al lenguaje deba dejársele crecer como a una planta silvestre, que su empleo no necesite ajustarse a ciertas reglas que del buen uso, sancionado por las generaciones pretéritas, se pueden deducir.

Es verdad que para un lingüista para quien el lenguaje es ante todo materia de estudio, todas las formas, por el mero hecho de haber existido, tienen un valor, y cuanto más ignoradas y menos conocidas pueden dar ocasión a más curiosas e importantes revelaciones, pero no es éste, no puede ser éste, el punto de vista de quienes tratan el lenguaje como medio de expresión y de comunicación.

Ni se puede argüir con el fatalismo científico que considera el idioma y su evolución como uno de los fenómenos naturales que se dan fuera y sin intervención de la voluntad humana y aún contra esta voluntad.

Ya todos los lingüistas reconocen en el lenguaje la intervención y el influjo de la voluntad humana, y no faltan en la época contemporánea y en nuestra misma patria ejemplos patentes de la influencia que la voluntad perseverante de los círculos eruditos han ejercido y ejercen en la vida de los idiomas. Todos los cambios tienen un origen individual que por contagio y autoridad llegan a prevalecer, los que deben prevalecer, los que conforme al genio de cada lengua y por motivos no siempre fáciles de apreciar son aceptados por un número más o menos extenso de oyentes y lectores.

Los inventores, los introductores de vocablos y frases y de giros sintácticos nuevos tienen lo que pudiéramos llamar derecho de propuesta; pero quien resuelve es a la postre ese misterioso poder de selección que casi siempre es acertado. Villegas, por ejemplo, usó a imitación de *agostar* la palabra *enerar,* y Reynoso propone en su discurso el empleo de *primaverar* como hay *invernar, veranear* y *otoñar.* Lógicamente nada se podía oponer a estas invenciones; pero hay algo más que lógica y deducción en las resoluciones inapelables del gusto. Y en verdad que el gusto, un buen gusto, ha tenido sus razones para rechazar estas palabras.

Porque el lenguaje, además de ser un medio de comunicación, tiene una cualidad estética de que no puede ni debe prescindir. Este es precisamente uno de los fundamentos en que puede apoyarse la defensa del purismo tomado en un sentido muy amplio. Es lícito e incoercible el derecho de innovación; pero hay dos poderosos motivos que justificarán siempre la tendencia conservadora en el lenguaje, que por lo demás, como ha dicho el eminente filólogo Breal, nunca puede ser decisiva, pues ninguna lengua ha muerto de arcaísmo. Uno es éste: conservar las bellezas de expresión ya logradas, y el otro servir de enlace a las generaciones, guardar y transmitir la lengua, que es, si no el único, sí el más fuerte de los vínculos de un pueblo. Sin esta tendencia conservadora perdería

el hombre una de las puras fuentes del goce estético, goce que se renueva en todo lector de sensibilidad, y perdería además el contacto y la convivencia con los que, ya desaparecidos, forman con
él cuerpo de la unidad histórica.

Sin esta tendencia conservadora cada generación vendría a ser extraña a la anterior, y extraños
nos parecerían los grandes escritores de las pasa-
das centurias. El castellano, gracias a esta tendencia conservadora y a la fijeza fonética y sintáctica
ya fuerte en épocas remotas, ha podido resistir
todos los embates y todas las pruebas; ha salido
indemne, uno y solo, del mayor peligro: de la disgregación de un gran imperio, de la creación de
veinte naciones apartadas del núcleo central.

Contra todas las predicciones de discretos y sabios varones, cada día va siendo más uniforme,
más fuerte, y ya puede asegurarse que indisoluble,
el empleo de la lengua castellana en todas partes.

Mucho pueden hacer para conservarla y enriquecerla el esfuerzo de corporaciones como la
Academia y el estudio científico de los filólogos
y gramáticos; pero, como siempre, la responsabilidad mayor y la mayor gloria en esta empresa
está guardada para los grandes poetas, para los
grandes escritores artistas. De ellos, de que cul-
tiven con esmero y amor el precioso material del
idioma, de que tengan siempre presente su valor
tradicional, la continuidad de la lengua y su valor
estético, su belleza, dependerá en última instancia
el porvenir del idioma que habla y escribe el mundo hispanoamericano[16].

LA OBRA DE MENÉNDEZ PELAYO

Por Miguel Artigas

Revista Nacional de Educación, n° 29, mayo,
Madrid, 1943 (publicado como «El valor
simbólico de la obra de Menéndez Pelayo» en
Estudios sobre Menéndez Pelayo, Pérez Embid
y otros, Editora Nacional, 1956, Madrid)

En la famosa –no sé si afamada Cátedra– que
abrió el Ateneo de Madrid en el año de 1896,
y por la que desfilaron los escritores y profesores
más notables en ciencias y letras de nuestra patria, dió D. Marcelino una serie de conferencias
sobre Los grandes Polígrafos españoles. Desgra-
ciadamente no asistió ningún taquígrafo que re-
cogiese aquellos notables discursos del Maestro,
que llamaron poderosamente la atención de los
ya maduros alumnos que los escucharon.

Por las reseñas que publicó la Prensa de entonces, y principalmente por las de «El Globo»,
periódico muy afecto a la docta casa y en cuya
redacción figuraban Navarro Ledesma y Manuel
Multado, que se preciaban de discípulos de Menéndez Pelayo, se pueden reconstruir, creo que
con alguna fidelidad, bastantes de las profundas
ideas vertidas desde aquella tribuna por el autor
de la Ciencia Española. En la primera de estas conferencias expuso así el Maestro el concepto que
tenía y el sentido en que tomaba la palabra polígrafo.

«Llámanse polígrafos, en el más vago y general
sentido –decía–, aquellos autores que han cultiva-

do diversas ramas de la literatura, ya científica, ya amena, y es claro que los escritores de tal género abundan en todas las literaturas. Pero aquí no llamamos polígrafo, al que haya sido a un tiempo, como lo fué Lope de Vega, poeta dramático, épico, lírico y novelista, ni al que haya sobresalido en varias ciencias a la vez, siendo, por ejemplo, filósofo, naturalista y médico, coma lo fueron Andrés Laguna y Vallés, sino que buscamos otro concepto más trascendental que informe nuestra enseñanza y la preste unidad.

Para declarar este concepto, conviene tener presente que la historia de la cultura humana en general, lo mismo que la peculiar historia de la civilización de cada pueblo, puede ser expuesta por dos diversos métodos que responden a las dos capitales direcciones del pensamiento en toda investigación racional sobre el sujeto humano y sus obras en el espacio y en el tiempo.

Y aunque cada cual de estas direcciones, si aisladamente se la cultiva, puede conducir a perniciosos exclusivismos, también es cierto que entre las dos, debidamente ponderadas y armonizadas, pueden agotar íntegramente el rico contenido de la Historia; y no hay grave riesgo en preferir para la exposición una de ellas, siempre que no se pierda de vista la restante.

Es decir, que, o bien se considera la Historia por el lado social, colectivo, impersonal, y estúdianse principalmente los caracteres étnicos, las fuerzas intelectuales de la raza, el desarrollo de los organismos sociales, las aptitudes científicas y estéticas colectivas, los elementos que han favorecido su desarrollo y los obstáculos que se han opuesto a él, y éste es el más seguro camino, quizá el único, para explicar los grandes esfuerzos de la colectividad, los momentos que pudiéramos llamar anónimos, tales como la elaboración del derecho y de la poesía épica; o bien se atiende al elemento individual histórico que se revela triunfalmente en los grandes capitanes, en los grandes legisladores, en los artistas soberanos, en los inmortales escritores y hombres de ciencia.

Ambos escollos pueden y deben evitarse en la recta disciplina del espíritu, y, por lo que a nosotros toca, sin pecar de intransigente individualismo, y reconociendo, como reconocemos de buen grado, que la obra de la cultura de un pueblo es labor esencialmente colectiva, no podemos menos de afirmar con igual resolución que la conciencia universal del género humano se revela y manifiesta de un modo más concreto y luminoso en un corto número de hombres privilegiados, a quienes ya Fray José de Sigüenza llamó «hombres providenciales», y en nuestro tiempo ha llamado Carlyle «los héroes», y Emerson, los «hombres representativos».

Nada ni nadie podría describirnos mejor lo que la figura señera de Menéndez Pelayo y su obra gigantesca significa dentro de la cultura nacional. No pensaba él, al darnos tan elevado concepto de lo que es un polígrafo, que nos estaba pintando con vivo color su propio retrato. Pero por un instinto de adivinación que hay siempre en la que pudiéramos llamar masa docta o el vulgo de los letrados, el apelativo con que más frecuentemente ha sido nombrado Menéndez Pelayo, fué siempre este de «nuestro gran polígrafo», que, ciertamente, es el que mejor le cuadra.

¿De qué cultura, de qué conciencia de raza, de qué movimiento de ideas, de qué edad histórica es hombre representativo Menéndez Pelayo? La España romana, decía el sabio conferenciante del Ateneo, está representada por Séneca. «Poeta lírico, escritor profundo y de extraordinario brío de expresión; el número y variedad de sus obras es por demás importante. ¿Y en su esencia? Su gran originalidad, sus relaciones, supuestas o no, con el cristianismo..., la influencia que como moralista tuvo en la Edad Media y en el Renacimiento, en Quevedo, que tanto le admiraba, y en Diderot y Rousseau, hacen del gran filósofo cordobés el representante general, sino el único de la cultura romana en España».

Como representante de la España visigoda designaba el Maestro a San Isidoro. «Es como un eslabón entre las doctrinas de los clásicos y las primeras enseñanzas de la ciencia cristiana. Sus numerosos escritos sobre el Trivio y el Quadrivio sirvieron para la educación de Inglaterra en el siglo VIII y de Francia, en el IX. Filósofo, canonista, historiador, poeta, arqueólogo, es San Isidoro la síntesis de la cultura visigótica».

Como personalidad característica de la España árabe se impone el nombre, dice don Marcelino, de Averroes, no tanto por su valer como por su fama. «Su influencia no sólo en el islamismo –donde, según Renán, la vida filosófica fué un accidente, pues la especulación original al modo de los griegos sólo brilla en Europa y en Persia–, sino en el mundo cristiano, fué grandísima, aunque él fuera bien inferior a Avicena.

Y es que le favorecían la índole enciclopédica de sus escritos o, por mejor decir: «con paráfrasis y comentarios dió sistema de la ciencia, una especie de enciclopedia, a la vez muy elemental y adecuada a las necesidades de su tiempo».

El representante más caracterizado del movimiento científico de la escuela judaico-española es Maimónides, «que, a pesar de sus numerosos escritos (filósofo, médico, naturalista), no representa esta escuela en su totalidad, pues falta su admirable poesía lírica religiosa, la más alta manifestación de la lírica en Europa desde el siglo v al XIII en que aparece Dante y que no tiene eco en las obras de Maimónides como lo halla armonioso en las de Judá Leví y Saloinón ben Gabirol; ni representa tampoco la filosofía religiosa de que se engendró el «Talmud» y la «Kábala»: pero es cierto que por ser unos escritores místicos y formar una escuela esotérica dentro de la Sinagoga y otros por ser heterodoxos y distanciados de ella, sólo Maimónides entre todos tiene verdadero carácter canónico.» La España cristiana de la Edad Media en sus siglos XIII y XVI está representada por Alfonso el Sabio y Raimundo Lulio. «Don Alfonso, legislador, primer historiador nacional y el que más eficazmente contribuyó a la propagación de las ciencias astronómicas de los árabes y judíos en el mundo cristiano... Lulio, el primero que en España, como Dante en su Convito, usó la lengua vulgar tratando de ciencias, a fin de que todos le entendiesen».

El Maestro Antonio de Nebrija es para Menéndez Pelayo el representante más completo y popular del siglo XV y del humanismo en España. «Represéntalo en su profesión de gramático (sinónimo entonces de hombre de letras) y con la interpretación de autores clásicos, exégesis bíblica, arqueología, crítica de la historia latina, etc. El Maestro Nebrija es la principal personalidad intelectual del tiempo de los Reyes Católicos».

El siglo XVI lo veía Menéndez Pelayo representado en Luis Vives, «que es espíritu crítico del Renacimiento encarnado; en Francisco Suárez, el iniciador
de la renovación de la escolástica que florece al
presente, puesto que hoy la que se enseña es más
la de Suárez que la de Santo Tomás; y en Arias
Montano, enlaza en sus estudios la cultura oriental
y la clásica».

El siglo XVII es el siglo del popularísimo «Quevedo, político y moralista. En sus sátiras y composiciones festivas tiene conceptos tan serios como
en sus libros más graves. Profunda originalidad en
sus ideas del mundo y de la vida». Son polígrafos
también representantes de este siglo el Obispo Caramuel, el escritor más enciclopédico del tiempo de
Felipe IV, y en quien aparece la cultura española
más influida por la extranjera, tanto en lo que afirma, cuanto en lo que niega»; y don Nicolás Antonio,
«gran escritor del tiempo de Carlos II, colector de
noticias de ciencia española y cultivador de la crítica histórica (que no viene del siglo XVIII) en la esfera
del Derecho Romano y en la historia de nuestros
Anales patrios».

Y, finalmente, destacan en el siglo XVIII y vienen
a ser como su síntesis. «El Padre Feijóo, a quien
tanto debió la cultura española, Hervás y Panduro,
fundador de la filología comparada, y don Gaspar
Melchor de Jovellanos, que trató de tan diversas
materias en sus numerosos ensayos, adornando el
espíritu español con el extranjero».

Este era, en síntesis, el programa que se propuso desarrollar Menéndez Pelayo en su Cátedra
sobre Los grandes Polígrafos Españoles en el Ateneo de Madrid. Empresa relativamente fácil, decía
él mismo, en lo concerniente a la Edad Media,

al Renacimiento y a nuestra Edad de Oro y aún empresa posible en lo que se refiere al siglo XVIII; pero casi sobrehumana e inabordable, en cuanto llegamos a los umbrales del siglo XIX.

Efectivamente, el empeño hubiera sido irrealizable para la mayoría; pero para el conferenciante que pronunciaba estas palabras resultaba completamente imposible. Existía un gran polígrafo español que era el hombre representativo del siglo en que vivía si no en su integridad sí en la parte más vital, más castiza, de más raigambre y desarrollo más fecundo y perenne; a este gran polígrafo le conocían y señalaban todos; todos menos él, porque don Marcelino era, como dijo su hermano Enrique, el único español que ignoraba que hubiese un Menéndez Pelayo.

Me he extendido al exhumar estas notas de las conferencias sobre los «Grandes Polígrafos Españoles», desconocidas para la mayoría de nuestros eruditos, porque creo que el único medio de enfocar bien el estudio de la colosal figura de Menéndez Pe laye y su obra, es este de escudriñarla desde el aspecto de hombre providencial, según la frase del Padre Sigüenza, del Héroe de Carlyle, del Hombre representativo, de Emerson.

Todo aquel aluvión de razas y pueblos, de ideas y costumbres diversas, de religiones y mitos que traen a España los primeros pobladores y los que sucesivamente se van disputando su suelo, empiezan a sedimentarse durante la primera Edad Media y llega un momento en que con Recaredo en el Tercer Concilio toledano, está a punto de fijarse nuestro carácter nacional, cuando se le dió unidad por medio de la religión y las leyes comunes. La invasión árabe nos fracciona y nos desorganiza;

pero la dura lucha que sostenemos contra los mahometanos, guerra de independencia y de cruzada religiosa, de civilización occidental y latina contra la del oriente islamizado, forja el temple de nuestro espíritu y le va preparando para más altas empresas. Los Reyes Católicos echan el firme cimiento de nuestra unidad política y religiosa y sobre esta base, nuestro carácter nacional comienza a definirse claramente, alcanzando cumbre y grandeza en los primeros reinados de la casa de Austria. Si el sol no se pone entonces en nuestros dominios tampoco el pensamiento español deja de alumbrar en todas las Escuelas.

Después viene nuestra decadencia materialmente estamos desangrados, moralmente nuestro espíritu ha perdido tensión y nervio. De todo ello se aprovecha un pueblo-vecino, que nos. impone, no sólo sus reyes y consejeros, sino sus usos, costumbres y modo de pensar. Lo francés sustituye en la moda a lo español en el mundo.

Y nosotros, que tan tenaz y briosamente defendimos la unidad de creencia, base de nuestro carácter, contra la disgregación herética de la Reforma protestante, flojos y apoltronados ahora y con el enemigo dentro de casa, consentimos que la masonería extienda sus tentáculos por la patria, que la filosofía heterodoxa de la Enciclopedia invada nuestros centros de enseñanza y que más tarde las ideas de la Revolución prendan fuego en las masas, con :odas las trágicas consecuencias en que lógicamente fueron desarrollándose.

Claro es que toda esta extranjería que, a la chita callando, solapadamente se nos iba entrando, tuvo su protesta desde el primer momento. Chocaron el chambergo y la peluca, el recio y tradicional pensamiento español con las ideas nuevas, materialistas e impías; y chocó la capa española contra la casaca forastera, todos los castizos y honrados sentimientos de lo mejor del pueblo español, contra las costumbres desenfadadas de los afrancesados.

Y de esta escisión de sentimientos e ideas nacieron las dos corrientes que en continua contradicción se han mantenido hasta nuestros días, después de tantas luchas enconadas con la pluma, con la palabra y con las armas.

El representante más caracterizado de toda esta tendencia tradicional, el que recoge en el pasado siglo esa aspiración de instaurar plenamente el pensamiento español, el que bucea y ahonda en su entraña y en sus orígenes, en todas sus manifestaciones en la religión, en el arte y en la ciencia, el que reúne y condensa en sí todos los esfuerzos, todos los avances, todos los valores de los grandes polígrafos que resumen cada una de nuestras épocas y tendencias espirituales más señaladas es Menéndez Pelayo, a quien, con toda justicia, podemos llamar el último gran Polígrafo, el hombre representativo y providencial, no sólo del pasado siglo, sino también de nuestros días.

Y así es como hay que estudiar esta gran figura del Maestro. No aisladamente y dentro del siglo en que vivió, no sólo como sabio que aporta datos y esclarecimientos a nuestra historia literaria, a nuestro arte y nuestra filosofía, sino como genio representativo de la España auténtica, como investigador que ahonda y busca el rico filón de nuestro carácter nacional en todas las épocas de nuestro pasado, que descubre la cadena de oro de lo genuinamente español, nunca rota –éste es un tópico que hay que desterrar–, sino que nos ata a lo que fuimos y a lo que debemos ser, a la tradición y al progreso, que no son conceptos opuestos, sino que se unen y armonizan como se unieron maravillosamente en la mente de Menéndez Pelayo.

Esto es lo que significan todos aquellos sus afanes de reconstruir nuestro pasado y basar en él la regeneración del porvenir. Esta es la idea dominante en todas sus publicaciones que yo no me voy a detener en estudiar detalladamente porque son muchos los que lo han hecho en sus más variados aspectos: Valera, Bonilla, doña Blanca de los Ríos, Sáinz Rodríguez, Amezúa, Rubió, Parpal y tantos otros.

Varias de estas obras de Menéndez Pelayo –la *Historia de las Ideas Estéticas en España,* la *Antología de Poetas Líricos,* los *Orígenes de la Novela,* los *Estudios sobre el teatro de Lope,* la *Bibliografía Hispano-Latina*– quedaron inacabadas; pero «su obra», la manifestación de su pensamiento sobre todo lo nuestro, sobre todo lo que constituye la base firme de nuestro genio nacional, esa está completamente acabada y perfecta en sus escritos y en las directrices y rumbos que nos dejó trazados en su vida ejemplar.

La enseñanza de Menéndez Pelayo está viva aún y continúa guiando a la investigación española. Los grandes índices de lo que está por hacer quedan reseñados fielmente en sus libros; él va abriendo carretera real por donde marcha; pero a izquierda y derecha deja siempre señalados hitos y traza las líneas y direcciones que han de llevar las sendas y veredas que enlacen con este ancho camino por el que desfila triunfal ante el lector asombrado la ciencia española. Se podrán añadir nuevos datos biográficos sobre éste o el otro autor, mejorarán los textos que hasta ahora hemos venido utilizando con nuevas ediciones críticas más depuradas; pero los juicios estéticos establecidos por Menéndez Pelayo, son tan firmes y seguros que no habrá historiador de nuestras letras que pueda acometer un estudio serio si no los tiene muy presentes y le sirven de guía y orientación para sus trabajos.

Así en Lope de Vega, sobre el que tanto se ha escrito e investigado con posterioridad a la edición que publicó la Real Academia de la Lengua con prólogos de Menéndez Pelayo. Han salido después varios estudios llenos de erudición, se han encontrado nuevos datos que ilustran la biografía de aquel Monstruo de la Naturaleza, epistolarios interesantísimos, manuscritos desconocidos con nuevas poesías, mas a pesar de tantas aportaciones, muchas de ellas de gran valor crítico, los estudios de Menéndez Pelayo sobre el teatro de Lope de Vega continúan y continuarán siendo piedra básica para cualquiera que pretenda trabajar acerca de la obra ingente del Príncipe de nuestra escena.

Sobre nuestros cantares de gesta, sobre nuestro romancero, no se ha dicho aún la última palabra, pese a los descubrimientos asombrosos que en este terreno se han hecho. Eminentes críticos literarios de nuestra patria e hispanistas de gran competencia, filólogos y folkloristas, se dedican con ahínco a escudriñar en las primeras crónicas las formas asonantadas que delatan los cantares heroicos y a recoger de la tradición oral datos preciosos sobre romances populares. Toda esta labor continuará obteniendo grandes frutos y se adquirirán datos preciosos, y nuevos e importantes documentos aumentarán tal vez todo este ya rico capítulo de la literatura española; pero ¿quién podrá llegar a mayor altura crítica, quién acertará a expresar tan bellamente lo que significa y representa para nosotros toda esa literatura popular como Menéndez Pelayo en su *Tratado de los Romances Viejos*? ¿Quién se atreverá a tocar la figura del Cid dibujada por la pluma del Maestro?

Y así en la *Historia de las Ideas Estéticas en España*, en que se reseña no sólo el desarrollo que los conceptos sobre lo bello adquiere entre nosotros, sino que realmente deja trazada la historia de la estética en otros países y tiene atisbos tan geniales, estudios tan acabados, que aún en materia ajena, han tenido que servir de pauta para los eruditos de esas otras naciones cuyas teorías estéticas sólo como de pasada, y en cuanto se relacionan con las nuestras, fueron objeto de la investigación de este genial artista.

El Consejo Superior de Investigaciones Científicas ha emprendido la patriótica tarea, que Dios quiera llevar pronto a feliz término, de editar en serie completa, la inmensa producción de Menéndez Pelayo, desconocida en buena parte por encontrarse desperdigada en revistas y publicaciones que no están a la mano de todos. Labor muy plausible, y labor, sobre todo, necesaria, porque era ya un baldón para nosotros no haber puesto a disposición de los investigadores los luminosos escritos del Maestro; pero queda aún por hacer la tarea de difundir su doctrina regeneradora por medio de círculos de estudios Menéndez-Pelayistas que debieran establecerse en las principales capitales de España y, sobre todo, en aquellas en que existen Universidades o centros de alta cultura. Esta labor de los círculos Menéndez-Pelayistas no había de limitarse al estudio de las obras de Menéndez Pelayo sino que ha de penetrar de un modo concienzudo en todo nuestro pasado, tomando por guía al gran polígrafo español y siguiendo la pauta que él nos dejó trazada. Estudiar todas esas manifestaciones del genio español que se van sucediendo en nuestra historia, ver lo que, fundamentalmente, forma nuestro ser, seguir la trayectoria de la tradición, tratar de aprovechar todo lo bueno que en ella se encuentre para cimentar de un modo sólido nuestro glorioso porvenir, e la tarea que él encomendó reiteradamente a sus discípulos. En ellos dejó cifradas todas sus esperanzas de resurgimiento de nuestros estudios y en más de una ocasión les saludó con ejemplar modestia al contemplar sus esfuerzos y los éxitos que los coronaban, con aquellos versos del viejo romance:

Si no vencí Reyes Moros
engendré quien los venciera.

Nadie más indicado para iniciar estos círculos de estudios sobre Menéndez Pelayo y su obra, que el Consejo Superior de Investigaciones Científicas. Aquella Cátedra del Ateneo de Madrid, por causas que no son para relatadas en esta ocasión, terminó en rotundo fracaso. Las lecciones de Menéndez Pelayo, aunque tenían numerosos oyentes y se mantuvieron siempre en un tono científico elevado y apartadas de toda otra mira que no fuese la pura y desinteresada investigación, se suspendieron como todas las obras. Tenemos, sin embargo, el guión de esos estudios, que dejo esbozados en estas cuartillas, y el Consejo Superior de Investigaciones Científicas, haría una labor de alta cultura y patriotismo si a destacados miembros suyos especializados en las diferentes materias, encomendara la tarea de desarrollar íntegramente en una serie de conferencias el programa sobre Los Grandes Polígrafos Españoles que Menéndez Pelayo no pudo terminar, y la parte que concluyó nos es muy poco conocida. Estas conferencias habían de tener como digno remate el estudio de la figura de nuestro último Gran Polígrafo don Marcelino Menéndez Pelayo.

NOTAS

(1) *Boletín de la Real Academia de Ciencias, Bellas Letras y Nobles Artes de Córdoba,* año VI. nº 19, julio a septiembre 1927, Córdoba, 1928, p. 333-356.

(2) Existe una copia en la colección Salazar (núm. 75). De la Academia de la Historia. Es un cuaderno en folio de 37 hojas. De este manuscrito sacó Gallardo un traslado que se conserva en la Biblioteca Menéndez Pelayo, de Santander.

(3) Todo lo referente a los orígenes del español ha sido tratado con gran copia de testimonios y con su habitual maestría por D. Ramón Menéndez Pidal en sus conocidas obras: *Orígenes del español* y *El idioma español en sus primeros tiempos.*

(4) MENÉNDEZ PELAYO (*Traductores españoles de la Eneida.* Madrid, 1879). Da cuenta de los códices que se guardan en diversas bibliotecas, de esta traducción, que merecía ser publicada como la primera hecha en lengua romance, por la riqueza de formas y giros que contiene, curiosos y de gran importancia para conocer los intentos de latinización en que abunda.

(5) Es sabido que D. Marcelino trabajó desde su juventud hasta los últimos años de su vida en la formación de una *Biblioteca de traductores* con el intento de ampliar y completar la *Biblioteca de Traductores,* de Pellicer. En la *Revista de Archivos* publicó, con el título de *Bibliografía Hispano Latina Clásica,* 896 páginas, que, por orden alfabético, comprenden la reseña de 43 códices, ediciones y traducciones de los autores latinos hasta Cicerón. Los materiales para la continuación, todavía inéditos, de esta magna bibliografía, se guardan en la Biblioteca Menéndez Pelayo, de Santander.

(6) *De los nombres de Cristo,* edición de Federico de Onís, vol. VI, p. 5 y siguientes.

(7) En el Prólogo que el Conde de Viñaza escribió para su *Biblioteca histórica de la filología castellana y* en el cuerpo de esta importante obra, se recogen juicios

y opiniones de muchos autores sobre esta materia. Consúltese además: *Las Apologías de la lengua castellana en el siglo de oro,* por José Francisco Pastor. Madrid, 1929 *(Clásicos olvidados).*

(8) Un avance de lo que será un libro como suyo, acerca del *Lenguaje del siglo xvi* ha sido publicado por D. Ramón Menéndez Pidal en el número 6 de *Cruz y Raya.*

(9) Erasmo Buceta, en su trabajo *La tendencia a identificar el español con el latín (Homenaje ofrecido a Menéndez Pidal,* I, p. 85 y sigs.), y en su artículo *De algunas composiciones hispano-latinas en el siglo xvii (Revista de Filología española,* 1933, p. 368 y sigs.), trae ejemplos y bibliografía sobre este asunto.

(10) Biblioteca Nacional, manuscrito 3.906. D. Luis de Góngora y Argote, *Biografía y estudio crítico.* Madrid, 1925, pp. 279-80.

(11) En castellano, salvo las palabras técnicas que se forman con raíces griegas, la mayor parte de los cultismos son latinos. Meyer Lübke, en su Introducción a la *Lingüística Románica,* y Castro, en sus notas a la traducción de este libro, p. 66, traen muy curiosas observaciones sobre este punto.

(12) Véase *La fundación de la Academia española,* por don Emilio Cotarelo. *Boletín de la Academia Española,* 1914, I, p. 4 y sigs.

(13) Consúltese sobre este punto: Mulertt (Werner), *AUS der Geschichte der Spanischen Sprachreinigungsbestrebungen (Estudios eruditos «in memoriam» de Adolfo Bonilla y San Martín,* i, p. 583 y sigs.).

(14) Reynoso, Félix José: *Reflexiones. Sobre el uso de las palabras nuevas en la Lengua castellana.* Leídas a la Academia de Letras Humanas de Sevilla en 24 de junio de 1798 por D. Félix Joseph Reynoso, su secretario.

(15) Reynoso, Félix José; *Reparos sobre los capítulos primeros y sobre el estilo del Proyecto del Código Penal.* 1821. (*Obras de Reynoso; Bibliófilos Andaluces,* t. II, pp. 361 y siguientes.)

(16) Sobre este problema es digno de leerse el opúsculo de Angel Rosenblat, *La Lengua y la cultura de Hispano-América*. Leipzig, 1933. Con relación al castellano en Argentina, es de gran importancia la tesis de Grossmann, *Die ausländische Sprachgut in Spanischen des Rio de la Plata. Ein Beitrag zur Problem der Argentinische Nationcdsprache*. Hamburg, 1926.

*Este libro se terminó de imprimir
en invierno de 2024*